Vive le cinéma français !

Dans la même collection :

En couverture, Jean Renoir, Jacques Rivette – Photo Cahiers du cinéma.

Conception graphique : Atalante

© 2001, Cahiers du cinéma.

ISBN : 2-86642-289-9
ISSN : 1275-2517

Ouvrage publié avec le concours du Centre national du livre.

Olivier Assayas, Alain Bergala,
Jean-Claude Biette, Pascal Bonitzer,
Stéphane Bouquet, Emmanuel Burdeau,
Serge Daney, Jean Douchet,
André S. Labarthe, Jean Narboni,
Camille Nevers, Jean-Pierre Oudart,
Alain Philippon, Eric Rohmer,
Serge Toubiana, François Truffaut.

Vive le cinéma français !

50 ans de cinéma français dans les Cahiers du cinéma

Textes réunis et préfacés
par Antoine de Baecque
avec la collaboration de Gabrielle Lucantonio

II. Petite anthologie
des Cahiers du cinéma

L'éditeur remercie les rédacteurs et collaborateurs dont les textes sont reproduits dans la Petite anthologie des Cahiers du cinéma, ainsi qu'Emmanuel Burdeau, Thierry Jousse, Bill Krohn et Charles Tesson pour leurs conseils.

Présentation

par Antoine de Baecque

Les *Cahiers du cinéma* cultivent un rapport très polémique au cinéma français. Certains diront qu'il est pervers : on attaque mieux ce qui est proche, qui châtie bien connaît bien... Disons plutôt que la revue a toujours tenu, et tient encore, à distinguer son adhésion au travail de certains auteurs élus de sa méfiance à l'égard d'un cinéma considéré dans sa globalité comme médiocre et prétentieux. Ce rapport s'apparente donc à une succession d'affinités électives. Le cinéma français est mal-aimé, mais des cinéastes français sont aimés, selon la logique affective des compagnons de route. C'est une forme de dialogue *à tout ou rien* que les *Cahiers* ont revendiqué dès leurs débuts. Plus exactement à la suite d'un texte écrit par Michel Dorsday, tout jeune homme plutôt violent, en octobre 1952, rompant avec la ligne de respect mutuel instaurée par André Bazin et Jacques Doniol-Valcroze, fondateurs de la revue, à l'encontre d'un cinéma français de prestige patronné par ses instances officielles. « Le cinéma français est mort, écrit Dorsday, mort sous la qualité, l'impeccable, le parfait – parfait comme ces grands magasins où tout est propre, beau, bien en ordre, sans bavure. Si l'on excepte les inévitables vaudevilles et drames pour l'arrière-province, on ne fait plus en France que de bons films, fabriqués, léchés, présentés avec élégance. Et c'est là le désastre. » Dorsday donne des noms, Christian-Jaque, Delannoy, Autant-Lara, mais c'est un système qui est vivement pris à parti : ce cinéma qui se nomme lui-même, avec un contentement certain, « de qualité ».

Cette dénonciation est le thème central, quelques mois plus tard, du texte de François Truffaut, « Une certaine tendance du cinéma français », sûrement l'article le plus célèbre de l'histoire du cinéma. Truffaut n'attaque pas le tout venant de la production française, mais plutôt son sommet, ce « cinéma de qualité « fondé sur le savoir-faire des métiers du cinéma français, sur l'importance des acteurs vedettes et sur l'adaptation littéraire des classiques ou des succès de la culture française. « Ces dix ou douze films par an constituent, selon Truffaut, ce que l'on a joliment appelé la tradition de la qualité, ils forcent par leur ambition l'admiration de la presse étrangère, défendent deux fois l'an les couleurs de la France à Cannes et à Venise où, depuis 1946, ils raflent assez régulièrement médailles, lions d'or et grands prix. » Ce texte polémique, désormais entré au panthéon de la critique, mérite d'être relu. Il étonne encore par sa violence : François Truffaut, habillé en imprécateur, dénonce et juge un à un des « coupables », cinéastes (Delannoy, Autant-Lara, Clouzot, Clément, galerie de réalisateurs reconnus et prestigieux), acteurs (Gabin, Fresnay, Philipe, et le « système de la vedette »), mais surtout scénaristes, composant la corporation la plus puissante du cinéma de qualité, notamment le duo formé par Jean Aurenche et Pierre Bost. Il étonne aussi par son paradoxe : le plus surprenant n'est pas que ce texte existe, car il y aura toujours de jeunes critiques pour ruer dans les brancards, mais qu'il ait remporté la partie. Au point qu'il paraît normal, vu d'aujourd'hui, qu'un jeune homme inconnu de 22 ans puisse ainsi mettre à mal et mettre à bas une tradition de cinéma établie, reconnue, puissante.

On ne peut comprendre ce paradoxe que si l'on considère que ce texte de Truffaut lance une dynamique, celle des *Cahiers du cinéma*. Car ce texte offre à la revue une ligne claire, cohérente, polémique mais aussi élective. En effet, si l'article de Truffaut dénonce violemment un système installé, il s'achève sur une ouverture nécessaire, celle qui mène à la défense d'un certain nombre d'auteurs français, véritables antidote au cinéma de qualité. « Ces personnages abjects, qui prononcent des phrases abjectes, je connais une poignée d'hommes en France qui seraient incapables de les concevoir, écrit Truffaut. Il s'agit de Jean Renoir, Robert Bresson, Jean Cocteau, Jacques Becker, Abel Gance, Max Ophuls, Jacques Tati, Roger Leenhardt. Ce sont pourtant des cinéastes français et il se trouve – curieuse coïncidence – que ce sont des auteurs qui écrivent souvent leurs dialogues, et quelques-uns inventent eux-mêmes les histoires qu'ils mettent en scène… Mais pourquoi – me dira-t-on –, pourquoi ne pas porter la même admiration à tous les cinéastes qui s'efforcent d'œuvrer au sein du cinéma français ? Eh bien, je ne puis croire à la coexistence pacifique de la *Tradition de la qualité* et d'un *cinéma d'Auteurs*. » Cette dernière phrase dit la ligne désormais adoptée par les *Cahiers du cinéma*, celle qui jouera de l'amour porté à Renoir, Bresson, Cocteau, Becker, Ophuls ou Guitry (qui s'ajoutera à la liste de Truffaut quelques semaines plus tard) contre un cinéma d'adaptation, de vedettes et de studio jugé sclérosé et vieillot.

En mai 1957, dans une table-ronde particulièrement féroce à l'égard du cinéma français, les rédacteurs des *Cahiers*, notamment Rohmer et Rivette, réaffirment ces parti-pris. En France, contrairement à Hollywood, précisent-ils, on constate l'inexistence de genres possédant une qualité moyenne, la production étant écartelée entre une exaspérante prétention culturelle et la nullité des films de grand ou petit commerce. Devant ce constat, les *Cahiers* « se résignent à l'exception » et font cause commune autour de leurs auteurs. Après ce diagnostic, voici son explication : « Le drame c'est que le cinéma français n'a plus rien à dire. » La crise du cinéma s'explique donc d'abord par une crise du sujet et du récit, cette « incapacité des élites françaises à raconter des histoires » (Kast). Rivette regrette quant à lui l'absence d'un « cinéma, sinon social, du moins "situé", qui serait l'équivalent du cinéma italien d'après-guerre » et pourrait faire office de respectable qualité moyenne. Au lieu de cela, précise le critique, la qualité française s'est fourvoyée dans le ron-ron académique et a conduit à un « pourrissement du cinéma dans son prestige et son confort », désignant alors les trois grands coupables : Clouzot, Clément, Autant-Lara (« Ils sont pourris, et pourris par l'argent »).

A ce précis de décomposition, les *Cahiers*, qui n'ont opposé longtemps que le choix de quelques auteurs (une *politique de l'exception*), cherchent bientôt à proposer une alternative : ce sera la Nouvelle Vague. Car, toujours selon Rivette, seul « l'esprit de pauvreté » pourra, par obligation et par choix (une autre morale de cinéma), situer à nouveau le cinéma français « dans sa réalité contemporaine ». Contre une Qualité française qui, en 1957, continue de parler de la France « d'il y a vingt ans », les rédacteurs des *Cahiers* espèrent l'avènement d'un cinéma au présent. « Quoi de plus naturel, en vérité, que de respirer l'air du temps ? », s'interroge ainsi Jean-Luc Godard, se félicitant de l'irruption d'un nouveau cinéma français « à l'heure juste ».

Pourtant les *Cahiers* éprouveront des difficultés à rendre compte des films et de l'esprit de la Nouvelle Vague. Pudeur à parler de jeunes cinéastes fraîchement sortis des rangs de la revue ? Allégeance privilégiée au cinéma classique hollywoodien et aux repères cinéphiles qui lui sont liés ? Répugnance au militantisme critique ? Un volume de cette anthologie des *Cahiers du cinéma* (le troisième) met en scène ces hésitations face au cinéma de la Nouvelle Vague et l'adhésion tardive, mais fructueuse, des *Cahiers*. On peut cependant affirmer que, une fois passés les flux et reflux de la Nouvelle Vague, la vision du cinéma français par les *Cahiers* s'est remise en place. Méfiance à l'égard du cinéma standard, d'autant qu'il est alors, au cœur des années soixante, animé d'un fort sentiment de revanche à l'égard de la Nouvelle Vague considérée comme une parenthèse incongrue. Ce cinéma français, majoritairement fait de franche rigolade et de bonne conscience politique, François Truffaut le désigne d'ailleurs comme « le retour de la vieille vague ». La Nouvelle Vague est bien passée, et le ressac n'en est que plus douloureux : retour du « cinéma de papa », *Grande vadrouille* et autre *Idiot à Paris*, cinéma des fils roublards, ceux qui ont « volé la Nouvelle Vague », tel Claude Lelouch, intronisé « bonne conscience des Champs-Elysées » par Jean-Louis Comolli dans un pamphlet extrêmement virulent. A dix années de distance, la revue tente donc de retrouver le sens du combat des Jeunes Turcs contre la Qualité française. Mais, désormais, les *Cahiers* et le cinéma français de consommation courante évoluent dans deux univers cloisonnés, nettement séparés. En 1965, les *Cahiers* sont une revue « nouvelle vague », et les Oury, Korber, Verneuil, Deray, Audiard ne représentent plus qu'un cinéma commercial sans autre ambition que de distraire les spectateurs du week-end. Entre les deux univers, le passage est coupé, et les dénonciations, mêmes les plus violentes, se perdent

9

dans le *no man's land* d'une indifférence caractéristique d'un cinéma à deux vitesses. Par contre, pour la première fois, la revue s'intéresse au cinéma français comme « système », proposant en janvier 1965, un numéro spécial intitulé « Crise du cinéma français », comportant enquêtes sur le fonctionnement du Centre National du Cinéma, sur les succès commerciaux récents, sur l'Art et Essai, panorama où se lit l'envers du décor, jusqu'alors ignoré par les *Cahiers*, et ses principales questions : comment faire un film ? Combien ça coûte ? Comment ça marche, ou ne marche pas ?

Contre-point à ce bilan en crise du cinéma français, les *Cahiers* proposent un choix d'auteurs et de films. Adhésion au travail de Resnais, Godard, Tati, Bresson, où la revue voit « la part française du cinéma moderne », ainsi qu'aux premières œuvres de quelques comparses français des nouveaux cinémas qui déferlent alors sur le monde et dans les colonnes : Eustache, Téchiné, Moullet, Allio, bientôt Garrel. Au centre des intérêts des *Cahiers*, Jean-Luc Godard et Robert Bresson s'imposent cependant avec *Pierrot le fou* et *Au hasard Balthazar* qui ont été considérés par les rédacteurs comme les deux films phares de la décennie. Avec Bresson, en mai 1966, les *Cahiers* réalisent l'un de leurs plus longs et convaincants entretiens, puis proposent une table-ronde critique entièrement consacrée à *Au hasard Balthazar* (juillet 1966). Godard, quant à lui, est déjà le compagnon le plus proche de la revue, y tenant certains de ses journaux de travail, écrivant des textes, accordant trois entretiens entre 1965 et 1967. Et à la question : Quoi de neuf dans le cinéma français ?, Jean-Louis Comolli peut répondre dans l'éditorial de septembre 1965 : « *Pierrot le fou*, bien sûr. Mais c'est d'emblée loin au-delà de toute nouveauté que *Pierrot* déroule ses vagues. Il y est question pour le cinéma et pour l'homme d'une liberté tour à tour impos-

10

sible, affirmée, effrayante. Il naît de ce film un vertige, une émotion, comme le cinéma n'en a pas communiqué depuis *La Règle du jeu*. Comme Renoir, Godard crée une Beauté nouvelle auprès de qui toutes pâlissent. Et cette beauté demande que nous changions nos mesures pour elle. D'un coup, à son choc, le cinéma se décentre vers une gravité jusque-là ignorée, face à laquelle la critique ne peut qu'errer ou se taire. »

Dix années plus tard, après avoir un peu erré, et s'être tus quelque temps sur le sujet, les *Cahiers* retrouvent un cinéma français qui, sautant par-dessus l'Affaire Langlois et Mai 68, n'a pas fondamentalement changé ses repères. Sa part « moyenne » s'est simplement politisée aux couleurs de l'air du temps, et ses auteurs les plus singuliers ont suivi leur chemin avec une radicalité souvent intransigeante. Les *Cahiers* parlent de l'une, dénommée « fiction de gauche » ou encore « mode rétro », en s'appuyant sur des rencontres décisives avec Michel Foucault, Gilles Deleuze ou Jacques Rancière, et des autres, Godard, Bresson, Garrel, Duras, Varda, Akerman, Jacquot, Pialat, avec un appétit d'autant plus aigü, qu'il répond à la nécessité de retourner au cinéma après la période d'autoprivation maoïste. Alors qu'il quitte les *Cahiers* pour *Libération*, Serge Daney regroupe une dernière fois l'une et les autres dans deux numéros spéciaux intitulés « Situation du cinéma français », en juin et juillet 1981. Il s'agit d'un panorama des années soixante-dix : « Le dernier numéro des *Cahiers* consacré au cinéma français date de 1965. Il porte en surtitre : "Crise du cinéma français". Depuis, nous avons appris à vivre avec cette crise, elle est devenue une habitude de vocabulaire. Nous croyons désormais plutôt à l'idée que c'est dans sa façon de réagir aux crises que le cinéma français invente le mieux. » Que s'est-il inventé dans le cinéma français ? Daney répond à cette question par une métaphore culinaire, le « cru » face au « cuit », d'où il ressort que, si le cinéma français moyen, celui des « réalisateurs » (par opposition aux « auteurs »), est très faible, « trop cuit », son « cinéma non moyen » est le plus intéressant du monde. En ce dernier réside la capacité à montrer le cru et le cuit, ensemble : les grands films français, rappelle Daney, sont toujours des « documentaires sur l'état du matériau à filmer », dans le temps où la sauce n'a encore ni monté ni tourné. Dans ce rapport au cinéma français qui passe par des « cinéastes non moyens » travaillant pourtant « au cœur du système », il est certain que le rôle des pères de la Nouvelle Vague se révèle crucial. Et il n'est pas indifférent, loin de là, que tous reviennent dans les colonnes des *Cahiers* au début des années quatre-vingt, offrant sûrement aux rédacteurs leurs seules certitudes. Car ces cinéastes, avec le temps, ont réussi à construire un dispositif d'indépendance qui les place au centre et à la marge tout à la fois du cinéma français, un « marginal du centre » dit-on alors de Chabrol, le « juste milieu comme expérience limite » écrit Serge Toubiana à propos de Truffaut. Ces expériences comptent dès lors dans la vie de la revue.

Comme l'avait senti et formulé Serge Daney, les *Cahiers* doivent depuis vivre avec ce cinéma français en crise perpétuelle. C'est de cet état d'incertitude et de déflagration permanent que naissent les inventions, là où fleurissent les véritables auteurs. Car c'est au moment où l'on se pose la question de la survie du cinéma français que l'on s'aperçoit généralement de sa vitalité. Une vitalité non pas globale, professionnelle, systématique, mais éclatée, fragmentée, regroupée autour d'îlots indépendance (le modèle issu de la Nouvelle Vague, illustré par la pérennité de petites sociétés liées aux auteurs, les Films du Losange (Rohmer), les Films du Carrosse (Truffaut), Périphéria (Godard)), ou recomposée en familles plus ou moins solides (autour de Vecchiali, de l'Idhec, de la Fémis). Cette *vitalité par frag-*

ments, par exceptions, est fragile. Mais c'est elle qui, dans le même temps, propose aux *Cahiers* des affinités sélectives si importantes. Une proximité s'instaure avec des cinéastes, dont il faut comprendre l'univers, la manière, la parole. Ce rapport au cinéma est fait de rencontres, d'entretiens, s'établit sur un suivi constant, régulier, de film en film, passe également par la compréhension privilégiée des conditions de travail, de tournage, d'écriture, de jeu, autant d'éléments regroupés par certains rédacteurs de la revue (Alain Bergala, Marc Chevrie, puis Jean-Marc Lalanne) en un discours de la méthode propre à ce cinéma français là. Tant il est vrai que ce cinéma se caractérise aussi par la façon dont il se fait. Tant il est vrai, également, que la critique a partie liée avec la création (une création-critique, un compagnonage davantage qu'un « copinage ») et que les auteurs trouvent dans les colonnes des *Cahiers* un lieu pour accueillir, partager et transmettre leurs expériences.Il s'agit donc toujours de voir et de comprendre ensemble des univers aussi cohérents et différents que ceux qui, ces derniers mois, se sont succédés sur les écrans français : Claire Denis, Arnaud Desplechin, Emmanuel Finkiel, Catherine Breillat, et encore Chabrol, Pialat, Rivette, Rohmer, Godard. C'est ainsi que s'écrit aujourd'hui l'identité du cinéma français dans les *Cahiers* : comment garder son âme en travaillant au cœur du système ? Comment être un jeune cinéaste sans être écrasé par le poids de la nostalgie Nouvelle Vague ? Comment filmer une réalité au présent sans oublier que les vrais sujets, les vrais personnages, les vraies histoires sont toujours hors-jeu, hors-cadre, *border line* ?

Les auteurs face
à la Qualité française

Une certaine tendance du cinéma français

par François Truffaut

> « *On peut aimer que le sens du mot art soit tenté de donner conscience à des hommes de la grandeur qu'ils ignorent en eux.* »
>
> André Malraux
> (*Le Temps du Mépris*, préface).

Ces notes n'ont pas d'autre objet qu'essayer de définir une certaine tendance du cinéma français – tendance dite du réalisme psychologique – et d'en esquisser les limites.

Dix ou douze films...

Si le cinéma français existe par une centaine de films chaque année, il est bien entendu que dix ou douze seulement méritent de retenir l'attention des critiques et des cinéphiles, l'attention donc de ces *Cahiers*.

Ces dix ou douze films constituent ce que l'on a joliment appelé la *Tradition de la Qualité*, ils forcent par leur ambition l'admiration de la presse étrangère, défendent deux fois l'an les couleurs de la France à Cannes et à Venise où, depuis

1946, ils râflent assez régulièrement médailles, lions d'or et grands prix.

Au début du parlant, le cinéma français fut l'honnête démarquage du cinéma américain. Sous l'influence de *Scarface* nous faisions l'amusant *Pépé le Moko*. Puis le scénario français dut à Prévert le plus clair de son évolution, *Quai des Brumes* reste le chef-d'œuvre de l'école dite du *réalisme poétique*.

La guerre et l'après-guerre ont renouvelé notre cinéma. Il a évolué sous l'effet d'une pression interne et au réalisme poétique – dont on peut dire qu'il mourut en refermant derrière lui *Les Portes de la Nuit* – s'est substitué le *réalisme psychologique*[1], illustré par Claude Autant-Lara, Jean Delannoy, René Clément, Yves Allégret et Marcel Pagliero.

Des films de scénaristes...

Si l'on veut bien se souvenir que Delannoy a tourné naguère *Le Bossu* et *La Part de l'Ombre*, Claude Autant-Lara *Le Plombier Amoureux* et *Lettres d'Amour*, Yves Allégret *La Boîte aux Rêves* et *Les Démons de l'Aube*, que tous ces films sont justement reconnus comme des entreprises strictement commerciales, on admettra que les réussites ou les échecs de ces cinéastes étant fonction des scénarios qu'ils choisissent, *La Symphonie Pastorale*, *Le Diable au Corps*, *Jeux Interdits*, *Manèges*, *Un Homme marche dans la ville* sont essentiellement des *films de scénaristes*.

Et puis l'indiscutable évolution du cinéma français n'est-elle pas due essentiellement au *renouvellement* des scénaristes et des sujets, à *l'audace* prise vis-à-vis des chefs-d'œuvre, à la confiance, enfin, faite au public d'être sensible à des sujets généralement qualifiés de difficiles ?

C'est pourquoi il ne sera question ici que des scénaristes, ceux qui, précisément, sont à l'origine du *réalisme psychologique* au sein de la *Tradition de la Qualité* : Jean Aurenche et

Pierre Bost, Jacques Sigurd, Henri Jeanson (nouvelle manière), Robert Scipion, Roland Laudenbach, etc…

Nul n'ignore plus aujourd'hui…

Après avoir tâté de la mise en scène en tournant deux courts métrages oubliés, Jean Aurenche s'est spécialisé dans l'adaptation. En 1936 il signait, avec Anouilh, les dialogues de *Vous n'avez rien à déclarer* et *Les Dégourdis de la 11ᵉ*.
Dans le même temps Pierre Bost publiait à la N.R.F. d'excellents petits romans.
Aurenche et Bost firent équipe pour la première fois en adaptant et dialoguant *Douce*, que mit en scène Claude Autant-Lara.
Nul n'ignore plus aujourd'hui qu'Aurenche et Bost ont réhabilité l'adaptation en bouleversant l'idée que l'on en avait, et qu'au vieux préjugé du respect à la lettre ils ont substitué, dit-on, celui contraire du respect à l'esprit, au point qu'on en vienne à écrire cet audacieux aphorisme : « Une adaptation honnête est une trahison » (Carlo Rim, « *Travelling et Sex-Appeal* »).

De l'équivalence…

De l'adaptation telle qu'Aurenche et Bost la pratiquent, le procédé dit de *l'équivalence* est la pierre de touche. Ce procédé suppose qu'il existe dans le roman adapté des scènes tournables et intournables et qu'au lieu de supprimer ces dernières (comme on le faisait naguère) il faut inventer des scènes *équivalentes*, c'est-à-dire telles que l'auteur du roman les eût écrites pour le cinéma.
« *Inventer sans trahir* », tel est le mot d'ordre qu'aiment à citer Aurenche et Bost, oubliant que l'on peut aussi trahir par omission.

Le système d'Aurenche et Bost est si séduisant dans l'énoncé même de son principe, que nul n'a jamais songé à en vérifier d'assez près le fonctionnement. C'est un peu ce que je me propose de faire ici.

Toute la réputation d'Aurenche et Bost est établie sur deux points précis :

1) La *fidélité* à l'esprit des œuvres qu'ils adaptent[2] ;

2) Le talent qu'ils y mettent.

Cette fameuse fidélité...

Depuis 1943 Aurenche et Bost ont adapté et dialogué ensemble : *Douce* de Michel Davet, *La Symphonie Pastorale* de Gide[3], *Le Diable au corps* de Radiguet[4], *Un Recteur à l'île de Sein* (*Dieu a besoin des hommes*) de Queffelec, *Les Jeux inconnus* (*Jeux interdits*) de François Boyer, *Le Blé en herbe* de Colette[5].

De plus, ils ont écrit une adaptation du *Journal d'un Curé de Campagne* qui n'a jamais été tournée[6], un scénario sur *Jeanne d'Arc*[7] dont une partie seulement vient d'être réalisée (par Jean Delannoy) et enfin les scénario et dialogues de *L'Auberge Rouge* (mis en scène par Claude Autant-Lara). On aura remarqué la profonde diversité d'inspiration des œuvres et des auteurs adaptés. Pour accomplir ce tour de force qui consiste à rester fidèle à l'esprit de Michel Davet, Gide, Radiguet, Queffelec, François Boyer, Colette et Bernanos, il faut posséder soi-même, j'imagine, une souplesse d'esprit, une personnalité démultipliée peu communes ainsi qu'un singulier éclectisme.

Il faut aussi considérer qu'Aurenche et Bost sont amenés à collaborer avec les metteurs en scène les plus divers ; Jean Delannoy, par exemple, se conçoit volontiers comme un moraliste mystique. Mais la menue bassesse du *Garçon Sauvage*, la mesquinerie de *La Minute de Vérité*, l'insignifiance de *La Route Napoléon* montrent assez bien l'intermittence de cette vocation.

Claude Autant-Lara, au contraire, est bien connu pour son non-conformisme, ses idées « avancées », son farouche anticléricalisme ; reconnaissons à ce cinéaste le mérite de rester toujours, dans ses films, honnête avec lui-même.

Pierre Bost étant le technicien du tandem, c'est à Jean Aurenche que semble revenir la part spirituelle de la commune besogne.

Elevé chez les jésuites, Jean Aurenche en a gardé tout à la fois la nostalgie et la révolte. S'il a flirté avec le surréalisme, il semble avoir sympathisé avec les groupes anarchistes des années trente. C'est dire combien sa personnalité est forte, combien aussi elle paraît incompatible avec celles de Gide, Bernanos, Queffelec, Radiguet. Mais l'examen des œuvres nous renseignera sans doute davantage.

L'Abbé Amédée Ayffre a su très bien analyser *La Symphonie Pastorale* et définir les rapports de l'œuvre écrite à l'œuvre filmée : « *Réduction de la foi à la psychologie religieuse chez Gide, réduction maintenant de celle-ci à la psychologie tout court... A cet abaissement qualitatif va correspondre maintenant, selon une loi bien connue des esthéticiens, une augmentation quantitative. On va ajouter de nouveaux personnages : Piette et Casteran, chargés de représenter certains sentiments. La Tragédie devient drame, mélodrame.* » (*Dieu au Cinéma*, p. 131).

Ce qui me gêne...

Ce qui me gêne dans ce fameux procédé de l'équivalence c'est que je ne suis pas certain du tout qu'un roman comporte des scènes intournables, moins certain encore que les scènes décrétées intournables le soient pour tout le monde. Louant Robert Bresson de sa fidélité à Bernanos, André Bazin terminait son excellent article : *La stylistique de Robert*

Bresson par ces mots : « *Après* Le Journal d'un Curé de Campagne, *Aurenche et Bost ne sont plus que les Viollet-le-Duc de l'adaptation.* »

Tous ceux qui admirent et connaissent bien le film de Bresson se souviennent de l'admirable scène du confessionnal où le visage de Chantal « *a commencé d'apparaître peut à peu, par degré* » (Bernanos).

Lorsque, plusieurs années avant Bresson, Jean Aurenche écrivit une adaptation du *Journal*, refusée par Bernanos, il jugea intournable cette scène et lui substitua celle que nous reproduisons ici.

« – *Voulez-vous que je vous entende ici* ? (Il désigne le confessionnal).

– *Je ne me confesse jamais.*

– *Pourtant, vous vous êtes bien confessée hier puisque vous avez communié ce matin* ?

– *Je n'ai pas communié.*

Il la regarde, très surpris.

– *Pardonnez-moi, je vous ai donné la communion.*

Chantal s'écarte rapidement vers le prie-Dieu qu'elle occupait le matin.

– *Venez voir.*

Le curé la suit. Chantal lui désigne le livre de messe qu'elle y a laissé.

– *Regardez dans ce livre, Monsieur. Moi, je n'ai peut-être plus le droit d'y toucher.*

Le curé, très intrigué, ouvre le livre et découvre entre deux pages l'hostie que Chantal y a crachée. Il a un visage stupéfait et bouleversé.

– *J'ai craché l'hostie*, dit Chantal.

– *Je vois*, dit le curé, d'une voix neutre.

– *Vous n'avez jamais vu ça, n'est-ce pas* ? dit Chantal, dure, presque triomphante.

– *Non, jamais*, dit le curé très calme en apparence.

– *Est-ce que vous savez ce qu'il faut faire ?*

Le curé ferme les yeux un court instant. Il réfléchit ou il prie. Il dit :

– *C'est très simple à réparer, Mademoiselle. Mais c'est horrible à commettre.*

Il se dirige vers l'autel, en portant le livre ouvert. Chantal le suit.

– *Non, ce n'est pas horrible. Ce qui est horrible, c'est de recevoir l'hostie en état de péché.*

– *Vous étiez donc en état de péché ?*

– *Moins que d'autres, mais eux ça leur est égal.*

– *Ne jugez pas.*

– *Je ne juge pas, je condamne,* dit Chantal avec violence.

– *Taisez-vous devant le corps du Christ !*

Il s'agenouille devant l'autel, prend l'hostie dans le livre et l'avale. »

Une discussion sur la foi oppose au milieu du livre le curé et un athée obtus nommé Arsène. Cette discussion se termine par cette phrase d'Arsène : « *Quand on est mort, tout est mort.* » Cette discussion, dans l'adaptation, sur la tombe même du curé, entre Arsène et un autre curé, *termine le film.* Cette phrase : « *Quand on est mort, tout est mort* », devait être la dernière réplique du film, celle qui porte, la seule peut-être que retient le public. Bernanos dans son livre ne disait pas pour conclure : « *Quand on est mort, tout est mort* », mais : « *Qu'est-ce que cela fait, tout est grâce.* »

« *Inventer sans trahir* », dites-vous, il me semble à moi qu'il s'agit là d'assez peu d'invention pour beaucoup de trahison. Un détail encore ou deux. Aurenche et Bost n'ont pu faire *Le Journal d'un Curé de Campagne* parce que Bernanos était vivant. Robert Bresson a déclaré que, Bernanos vivant, il eut pris avec l'œuvre plus de liberté. Ainsi l'on gêne Aurenche et Bost parce qu'on est en vie, mais l'on gêne Bresson parce que l'on est mort.

Le masque arraché…

De la simple lecture de cet extrait, il ressort :

1) Un souci *d'infidélité* à l'esprit comme à la lettre constant et délibéré ;

2) Un goût très marqué pour la profanation et le blasphème.

Cette infidélité à l'esprit dégrade aussi bien *Le Diable au corps*, ce roman d'amour qui devient un film anti-militariste, anti-bourgeois, *La Symphonie Pastorale* une histoire de pasteur amoureux, Gide devient du Béatrix Beck, *Un Recteur à l'île de Sein* dont on troque le titre contre celui équivoque de *Dieu a besoin des hommes*, où les îliens nous sont montrés comme les fameux « crétins » du *Terre sans pain* de Buñuel. Quant au goût du blasphème, il se manifeste constamment, de manière plus ou moins insidieuse, selon le sujet, le metteur en scène, voire la vedette.

Je rappelle pour mémoire la scène du confessionnal de *Douce*, l'enterrement de Marthe dans *Le Diable…*, les hosties profanées dans cette adaptation du *Journal d'un Curé de Campagne* (scène reportée dans *Dieu a besoin des hommes*), tout le scénario et le personnage de Fernandel dans *L'Auberge Rouge*, la totalité du scénario de *Jeux Interdits* (la bagarre dans le cimetière).

Tout désignerait donc Aurenche et Bost pour être les auteurs de films *franchement* anti-cléricaux, mais comme les films de soutanes sont à la mode, nos auteurs ont accepté de se plier à cette mode. Mais comme il convient – pensent-ils – de ne point trahir leurs convictions, le thème de la profanation et du blasphème, les dialogues à double entente, viennent çà et là prouver aux copains que l'on sait l'art de « rouler le producteur » tout en lui donnant satisfaction, rouler aussi le « grand public » également satisfait.

Ce procédé mérite assez bien le nom *d'alibisme* ; il est excusable et son emploi est nécessaire à une époque où il faut sans cesse feindre la bêtise pour œuvrer intelligemment, mais s'il est de bonne guerre de « rouler le producteur », n'est-il pas quelque peu scandaleux de « re-writer » ainsi Gide, Bernanos, Radiguet ?

En vérité, Aurenche et Bost travaillent comme tous les scénaristes du monde, comme avant-guerre Spaack ou Natanson. Dans leur esprit, toute histoire comporte les personnages A, B, C, D. A l'intérieur de cette équation, tout s'organise en fonction de critères connus d'eux seuls. Les coucheries s'effectuent selon une symétrie bien concertée, des personnages disparaissent, d'autres sont inventés, le script s'éloigne peu à peu de l'original pour devenir un tout, informe mais brillant, un film nouveau, pas à pas, fait son entrée solennelle dans *la Tradition de la Qualité*.

Soit, me dira-t-on...

On me dira : « Admettons qu'Aurenche et Bost soient infidèles, mais nierez-vous aussi leur talent... ? » Le talent, certes, n'est pas fonction de la fidélité, mais je ne conçois d'adaptation valable qu'écrite par un *homme de cinéma*. Aurenche et Bost sont essentiellement des littérateurs et je leur reprocherai ici de mépriser le cinéma en le sous-estimant. Ils se comportent vis-à-vis du scénario comme l'on croit rééduquer un délinquant en lui trouvant du travail, ils croient toujours avoir « fait le maximum » pour lui en le parant des subtilités, de cette science des nuances qui font le mince mérite des romans modernes. Ce n'est d'ailleurs par le moindre travers des exégètes de notre art que de croire l'honorer en usant du jargon littéraire. (N'a-t-on pas parlé de Sartre et de Camus pour l'œuvre de Pagliero, de phénoménologie pour celle d'Allégret ?)

En vérité, Aurenche et Bost affadissent les œuvres qu'ils adaptent, car l'*équivalence* va toujours soit dans le sens de la trahison, soit de la timidité. Voici un bref exemple : dans *Le Diable au corps* de Radiguet, François rencontre Marthe sur le quai d'une gare, Marthe sautant, en marche, du train ; dans le film, ils se rencontrent dans l'école transformée en hôpital. Quel est le but de cette *équivalence* ? Permettre aux scénaristes d'amorcer les éléments anti-militaristes ajoutés à l'œuvre, de concert avec Claude Autant-Lara.

Or il est évident que l'idée de Radiguet était une *idée de mise en scène*, alors que la scène inventée par Aurenche et Bost est *littéraire*. On pourrait, croyez-le bien, multiplier les exemples à l'infini.

Il faudrait bien qu'un jour...

Les secrets ne se gardent qu'un temps, les recettes se divulguent, les connaissances scientifiques nouvelles font l'objet de communications à l'Académie des Sciences et, puisqu'à en croire Aurenche et Bost, l'adaptation est une science exacte, il faudrait bien qu'un de ces jours ils nous apprissent au nom de quel critère, en vertu de quel système, de quelle géométrie interne et mystérieuse de l'œuvre, ils retranchent, ajoutent, multiplient, divisent et « rectifient » les chefs-d'œuvre ?

Une fois émise l'idée selon quoi ces équivalences ne sont qu'astuces timides pour contourner la difficulté, résoudre par la bande sonore des problèmes qui concernent l'image, nettoyages par le vide pour n'obtenir plus sur l'écran que cadrages savants, éclairages compliqués, photo « léchée », le tout maintenant bien vivace la *Tradition de la Qualité*, il est temps d'en venir à l'examen de l'ensemble des films dialogués et adaptés par Aurenche et Bost et de rechercher la permanence de certains thèmes qui expliqueront sans la justifier *l'infidélité* constante de deux scénaristes aux œuvres qu'ils prennent pour « prétexte » et « occasion ».

Résumés en deux lignes, voici comment apparaissent les scénarios traités par Aurenche et Bost :

La Symphonie Pastorale : Il est pasteur, il est marié. Il aime et n'en a pas le droit.

Le Diable au corps : Ils font les gestes de l'amour et n'en ont pas le droit.

Dieu a besoin des Hommes : Il officie, bénit, donne l'extrême-onction et n'en a pas le droit.

Jeux interdits : Ils ensevelissent et n'en ont pas le droit.

Le Blé en herbe : Ils s'aiment et n'en ont pas le droit.

On me dira que je raconte aussi bien le livre, ce que je ne nie pas. Seulement, je fais remarquer que Gide a écrit aussi : *La porte étroite*, Radiguet : *Le bal du comte d'Orgel*, Colette : *La Vagabonde*, et qu'aucun de ces romans n'a tenté Delannoy ou Autant-Lara.

Remarquons aussi que les scénarios, dont je ne crois pas utile de parler ici, vont dans le sens de ma thèse : *Au delà des grilles, Le Château de verre, L'Auberge Rouge*...

On voit l'habileté des promoteurs de la *Tradition de la Qualité*, à ne choisir que des sujets qui se prêtent aux malentendus sur lesquels repose tout le système.

Sous le couvert de la littérature – et bien sûr de la qualité – on donne au public sa dose habituelle de noirceur, de non-conformisme, de facile audace.

L'influence d'Aurenche et Bost est immense...

Les écrivains qui sont venus au dialogue de films ont observé les mêmes impératifs ; Anouilh, entre les dialogues des *Dégourdis de la 11ᵉ* et *Un Caprice de Caroline chérie*, a introduit dans des films plus ambitieux son univers que baigne une âpreté de bazar avec en toile de fond les brumes nordiques transposées en Bretagne (*Pattes Blanches*). Un autre écrivain, Jean Ferry, a sacrifié à la mode, lui aussi, et les dialogues de *Manon* eussent tout aussi bien pu être signés d'Aurenche et Bost : « *Il me croit vierge, et dans le civil, il est professeur de psychologie !* » Rien de mieux à espérer des jeunes scénaristes. Simplement, ils prennent la relève, se gardant bien de toucher aux tabous.

Jacques Sigurd, un des derniers venus au « scénario et dialogue », fait équipe avec Yves Allégret. Ensemble, ils ont doté le cinéma français de quelques-uns de ses plus noirs chefs-d'œuvre : *Dédé d'Anvers, Manèges, Une si jolie petite plage, Les Miracles n'ont lieu qu'une fois, La Jeune folle.* Jacques Sigurd a très vite assimilé la recette, il doit être doué d'un admirable esprit de synthèse car ses scénarios oscillent ingénieusement entre Aurenche et Bost, Prévert et Clouzot, le tout légèrement rajeuni. La religion n'a jamais de part, mais le blasphème fait toujours timidement son entrée grâce à quelques enfants-de-Marie ou quelques bonnes-sœurs qui traversent le champ au moment où leur présence est la plus inattendue (*Manèges, Une si jolie petite plage*).

La cruauté par quoi l'on ambitionne de « remuer les tripes du bourgeois » trouva sa place dans des répliques bien senties du genre : « *il était vieux, il pouvait crever* » *(Manèges)*. Dans *Une si jolie petite plage* Jane Marken envie la prospérité de Berck à cause des tuberculeux qui s'y trouvent : « *leur famille vient les voir et ça fait marcher le commerce !* » (On songe à la prière du *Recteur de l'Ile de Sein*).

Roland Laudenbach, qui semblerait plus doué que la plupart de ses confrères, a collaboré aux films les plus typiques de cet état d'esprit : *La Minute de vérité, Le Bon Dieu sans confession, La maison du Silence.*

Robert Scipion est un homme de lettres doué ; il n'a écrit qu'un livre : un livre de pastiches ; signes particuliers : la fréquentation quotidienne des cafés de Saint-Germain-des-Prés, l'amitié de Marcel Pagliero que l'on nomme le Sartre du cinéma, probablement parce que ses films ressemblent aux articles des *Temps Modernes*. Voici quelques répliques des *Amants de Brasmort*, film populiste dont des mariniers sont les « héros », comme les dockers étaient ceux de *Un Homme marche dans la ville* :

« *– Les femmes des amis c'est fait pour coucher avec.* »

« *– Tu fais ce qui te rapporte ; pour ça tu monterais sur n'importe qui, c'est le cas de le dire.* »

Dans une seule bobine du film, vers la fin, on peut entendre en moins de dix minutes les mots de : « *grue, putain, salope, et connerie* ». Est-ce cela le réalisme ?

On regrette Prévert...

A considérer l'uniformité et l'égale vilénie des scénarios d'aujourd'hui, l'on se prend à regretter les scénarios de Prévert. Lui croyait au diable, donc en Dieu, et si la plupart de ses personnages étaient par son seul caprice chargés de tous les péchés de la création, il y avait toujours place pour un couple sur qui, nouveaux Adam et Eve, le film terminé, l'histoire allait se mieux recommencer.

Réalisme psychologique, ni réel, ni psychologique...

Il n'y a guère que sept ou huit scénaristes à travailler régulièrement pour le cinéma français. Chacun de ces scénaristes n'a qu'une histoire à raconter et comme chacun n'aspire qu'au succès des « deux grands », il n'est pas exagéré de dire que les cent et quelques films français réalisés chaque année racontent la même histoire : il s'agit toujours d'une victime, en général un cocu. (Ce cocu serait le seul personnage sympathique du film s'il n'était toujours infiniment grotesque : Blier-Vilbert, etc...). La rouerie de ses proches et la haine que se vouent entre eux les membres de sa famille, amènent le « héros » à sa perte ; l'injustice de la vie, et, en couleur locale, la méchanceté du monde (les curés, les concierges, les voisins, les passants, les riches, les pauvres, les soldats, etc…).

Distrayez-vous, pendant les longues soirées d'hiver, en cherchant des titres de films français qui ne s'adaptent pas à ce cadre et, pendant que vous y êtes, trouvez parmi ces films ceux où ne figure pas dans le dialogue cette phrase, ou son équivalent, prononcée par le couple le plus abject du film : « *C'est toujours eux qui ont l'argent* (ou la chance, ou l'amour, ou le bonheur), *ah ! c'est trop injuste à la fin.* »

Cette école qui vise au réalisme le détruit toujours au moment même de la capter enfin, plus soucieuse qu'elle est d'enfermer les êtres dans un monde clos, barricadé par les formules, les jeux de mots, les maximes, que de les laisser se montrer tels qu'ils sont, sous nos yeux[8]. L'artiste ne peut dominer son œuvre toujours. Il doit être parfois Dieu, parfois sa créature. On connaît cette pièce moderne dont le personnage principal, normalement constitué lorsque sur lui se lève le rideau, se retrouve cul-de-jatte à la fin de la pièce, la perte successive de chacun de ses membres ponctuant les changements d'actes. Curieuse époque où le moindre comédien raté use du mot Kafkaïen pour qualifier ses avatars domestiques. Cette forme de cinéma vient tout droit de la littérature moderne, mi – « kafkaïenne », mi-bovaryste ! Il ne se tourne plus un film en France que les auteurs ne croient refaire *Madame Bovary*.

Pour la première fois dans la littérature française, un auteur adoptait par rapport à son sujet l'attitude lointaine, extérieure, le sujet devenant comme l'insecte cerné sous le microscope de l'entomologiste. Mais si, au départ de l'entreprise, Flaubert avait pu dire : « *Je les roulerai tous dans la même boue – étant juste* » (ce dont les auteurs d'aujourd'hui feraient volontiers leur exergue), il dut déclarer après coup : « *Madame Bovary c'est moi* » et je doute que les mêmes auteurs puissent reprendre cette phrase et à leur propre compte !

Mise en scène, metteur en scène, textes.

L'objet de ces notes se limite à l'examen d'une certaine forme de cinéma, du seul point de vue des scénarios et des scénaristes. Mais il convient, je pense, de bien préciser que les metteurs en scène sont et se veulent responsables des scénarios et dialogues qu'ils illustrent.

Films de scénaristes, écrivais-je plus haut, et ce n'est certes pas Aurenche et Bost qui me contrediront. Lorsqu'ils remettent leur scénario, le film est fait ; le metteur en scène, à leurs yeux, est le monsieur qui met des cadrages là-dessus... et c'est vrai, hélas ! J'ai parlé de cette manie d'ajouter partout des enterrements. Et pourtant la mort est toujours escamotée dans ces films. Souvenons-nous de l'admirable mort de Nana ou d'Emma Bovary, chez Renoir ; dans *La Pastorale*, la mort n'est qu'un exercice de maquilleur et de chef opérateur ; comparez un gros plan de Michèle Morgan morte dans *La Pastorale*, de Dominique Blanchard dans *Le Secret de Mayerling* et de Madeleine Sologne dans l'*Eternel Retour* : c'est le même visage ! Tout se passe *après* la mort.

Citons enfin cette déclaration de Delannoy qu'avec perfidie nous dédions aux scénaristes français : « *Quand il arrive que des auteurs de talent, soit par esprit de lucre, soit par faiblesse, se laissent aller un jour à "écrire pour le cinéma", ils le font avec le sentiment de s'abaisser. Ils se livrent plus à une curieuse tentative vers la médiocrité, soucieux qu'ils sont de ne pas compromettre leur talent, et certains que, pour écrire cinéma, il faut se faire comprendre par le bas.* » (*La Symphonie Pastorale ou l'amour du métier*, novembre 1947).

Il me faut sans attendre dénoncer un sophisme qu'on ne manquerait pas de m'opposer en guise d'argument : « *Ces dialogues sont prononcés par des gens abjects et c'est pour mieux stigmatiser leur vilénie que nous leur prêtons ce dur langage. C'est là notre façon d'être des moralistes.* »

31

A quoi je réponds : il est inexact que ces phrases soient prononcées par les plus abjects des personnages. Certes, dans les films « réalistes psychologiques » il n'y a pas que des êtres vils, mais tant se veut démesurée la supériorité des auteurs sur leurs personnages que ceux qui d'aventures ne sont pas infâmes, sont au mieux infiniment grotesques.

Enfin, ces personnages abjects, qui prononcent des phrases abjectes, je connais une poignée d'hommes en France qui seraient *incapables* de les concevoir, quelques cinéastes dont la vision du monde est au moins aussi valable que celle d'Aurenche et Bost, Sigurd et Jeanson. Il s'agit de Jean Renoir, Robert Bresson[9], Jean Cocteau, Jacques Becker, Abel Gance, Max Ophuls, Jacques Tati, Roger Leenhardt ; ce sont pourtant des cinéastes français et il se trouve – curieuse coïncidence – que ce sont des *auteurs* qui écrivent souvent leur dialogue et quelques-uns inventent eux-mêmes les histoires qu'ils mettent en scène.

On me dira encore…

« Mais pourquoi – me dira-t-on – pourquoi ne pourrait-on porter la même admiration à tous les cinéastes qui s'efforcent d'œuvrer au sein de cette Tradition et de la Qualité que vous gaussez avec tant de légèreté ? Pourquoi ne pas admirer autant Yves Allégret que Becker, Jean Delannoy que Bresson, Claude Autant-Lara que Renoir [10]? ».

Eh bien je ne puis croire à la co-existence pacifique de la *Tradition de la Qualité* et d'un *cinéma d'Auteurs*. Au fond Yves Allégret, Delannoy ne sont que les *caricatures* de Clouzot, de Bresson.

Ce n'est pas le désir de faire scandale qui m'amène à déprécier un cinéma si loué par ailleurs. Je demeure convaincu que l'existence exagérément prolongée du *réalisme psychologique* est la cause de l'incompréhension du public devant des œuvres aussi neuves de conception que *Le Carrosse d'Or,*

Casque d'Or, voire *Les Dames du Bois de Boulogne* et *Orphée.*
Vive l'audace certes, encore faut-il la déceler où elle est vraiment. Au terme de cette année 1953, s'il me fallait faire une manière de bilan des audaces du cinéma français, n'y trouveraient place ni le vomissement des *Orgueilleux,* ni le refus de Claude Laydu de prendre le goupillon dans *Le Bon Dieu sans confession,* non plus les rapports pédérastiques des personnages du *Salaire de la Peur,* mais bien plutôt la démarche de *Hulot,* les soliloques de la bonne de *La Rue de l'Estrapade,* la mise en scène du *Carrosse d'Or,* la direction d'acteurs dans *Madame de,* et aussi les essais de polyvision d'Abel Gance. On l'aura compris, ces audaces sont celles d'*hommes de cinéma* et non plus de scénaristes, de metteurs en scène et non plus de littérateurs.

Je tiens par exemple pour significatif l'échec qu'ont rencontré les plus brillants scénaristes et metteurs en scène de la Tradition de la Qualité lorsqu'ils abordèrent la comédie : Ferry-Clouzot *Miquette et sa Mère,* Sigurd-Boyer *Tous les chemins mènent à Rome,* Scipion-Pagliero *La Rose Rouge,* Laudenbach-Delannoy *La Route Napoléon,* Aurenche-Bost-Autant Lara *L'Auberge Rouge* ou si l'on veut *Occupe-toi d'Amélie.*

Quiconque s'est essayé un jour à écrire un scénario ne saurait nier que la comédie est bien le genre le plus difficile, celui qui demande le plus de travail, le plus de talent, le plus d'humilité aussi.

Tous des bourgeois…

Le trait dominant du réalisme psychologique est sa volonté anti-bourgeoise. Mais qui sont Aurenche et Bost, Sigurd, Jeanson, Autant-Lara, Allégret, sinon des bourgeois, et qui sont les cinquante mille nouveaux lecteurs que ne manque pas d'amener chaque film tiré d'un roman, sinon des bourgeois ?

Quelle est donc la valeur d'un cinéma anti-bourgeois fait par des bourgeois, pour des bourgeois ? Les ouvriers, on le sait bien, n'apprécient guère cette forme de cinéma même lorsqu'elle vise à se rapprocher d'eux. Ils ont refusé de se reconnaître dans les dockers d'*Un homme marche dans la ville* comme dans les mariniers des *Amants de bras-mort*. Peut-être faut-il envoyer les enfants sur le palier pour faire l'amour, mais leurs parents n'aiment guère à se l'entendre dire, surtout au cinéma, même avec « bienveillance ». Si le public aime à s'encanailler sous l'alibi de la littérature, il aime aussi à le faire sous l'alibi du social. Il est instructif de considérer la programmation des films en fonction des quartiers de Paris. On s'aperçoit que le public populaire préfère peut-être les naïfs petits films étrangers qui lui montrent les hommes « tels qu'ils devaient être » et non pas tels qu'Aurenche et Bost croient qu'ils sont.

Comme on se refile une bonne adresse…

Il est toujours bon de conclure, ça fait plaisir à tout le monde. Il est remarquable que les « grands » metteurs en scène et les « grands » scénaristes ont tous fait longtemps des petits films et que le talent qu'ils y mettaient ne suffisait pas à ce qu'on les distinguât des autres (ceux qui n'y mettaient pas de talent). Il est remarquable aussi que tous sont venus à la qualité *en même temps*, comme on se refile une bonne adresse. Et puis un producteur – et même un réalisateur – gagnent plus d'argent à faire *Le Blé en herbe* que *Le Plombier amoureux*. Les films « courageux » se sont révélés très rentables. La preuve : un Ralph Habib renonçant brusquement à la demi-pornographie, réalise *Les Compagnes de la Nuit* et se réclame de Cayatte. Or, qu'est-ce qui empêche les André Tabet, les Companeez, les Jean Guitton, les Pierre Véry, les Jean Laviron, les Ciampi, les Grangier de faire, du jour au lendemain, du cinéma intellectuel, d'adapter les chefs-d'œuvre (il en reste encore quelques-uns) et, bien sûr, d'ajouter des enterrements un peu partout ?

Alors ce jour-là nous serons dans la « Tradition de la Qualité » jusqu'au cou et le cinéma français, rivalisant de « réalisme psychologique », d'« âpreté », de « rigueur », d'« ambiguïté », ne sera plus qu'un vaste enterrement qui pourra sortir du studio de Billancourt pour entrer plus directement dans le cimetière qui semble avoir été placé à côté tout exprès pour aller plus vite du producteur au fossoyeur.

Seulement, à force de répéter au public qu'il s'identifie aux « héros » des films, il finira bien par le croire, et le jour où il comprendra que ce bon gros cocu aux mésaventures de qui on le sollicite de compatir (un peu) et de rire (beaucoup) n'est pas comme il le pensait son cousin ou son voisin de palier mais *lui-même*, cette famille abjecte, *sa* famille, cette religion bafouée, *sa* religion, alors ce jour-là il risque de se montrer ingrat envers un cinéma qui se sera tant appliqué à lui montrer la vie telle qu'on la voit d'un quatrième étage de Saint-Germain-des-Prés.

Certes, il me faut le reconnaître, bien de la passion et même du parti-pris présidèrent à l'examen délibérément pessimiste que j'ai entrepris d'une certaine tendance du cinéma français. On m'affirme que cette fameuse « école du réalisme psychologique » devait exister pour que puissent exister à leur tour *Le Journal d'un Curé de Campagne, Le Carrosse d'Or, Orphée, Casque d'Or, Les Vacances de Monsieur Hulot*. Mais nos auteurs qui voulaient éduquer le public doivent comprendre que peut-être ils l'ont dévié des voies primaires pour l'engager sur celles, plus subtiles, de la psychologie, ils l'ont fait passer dans cette classe de sixième chère à Jouhandeau, mais il ne faut pas faire redoubler une classe indéfiniment !

François Truffaut
(*Cahiers du cinéma* n° 31, janvier 1954)

Notes

1. *La Symphonie Pastorale*. Personnages ajoutés dans le film : Piette, fiancée de Jacques, Casteran, père de Piette. Personnages retranchés : trois enfants du Pasteur. Dans le film, il n'est pas fait mention de ce que devient Jacques après la mort de Gertrude. Dans le livre, Jacques entre dans les ordres.

« Opération Symphonie Pastorale » : 1°) Gide écrit lui-même une adaptation de son livre ; 2°) Cette adaptation est jugée « intournable » ; 3°) Jean Aurenche et Jean Delannoy écrivent à leur tour une adaptation ; 4°) Gide la refuse ; 5°) L'entrée de Pierre Bost dans l'équipe concilie tout le monde.

2. *Le Diable au Corps*. A la Radio, au cours d'une émission d'André Parinaud consacrée à Radiguet, Claude Autant-Lara déclarait en substance : *Ce qui m'a amené à faire un film d'après Le Diable au Corps, c'est que j'ai vu là un roman contre la guerre.* A la même émission, Francis Poulenc, ami de Radiguet, disait n'avoir rien retrouvé du livre en voyant le film.

3. Au producteur éventuel du *Journal d'un Curé de Campagne*, qui s'étonnait de voir dans l'adaptation disparaître le personnage du Docteur Delbende, Jean Aurenche (lequel eut signé la mise en scène) répondit : « *Peut-être que, dans dix ans, un scénariste pourra conserver un personnage qui meurt à la moitié du film, quant à moi, je ne m'en sens pas capable.* » Trois ans plus tard, Robert Bresson conservait le Docteur Delbende et le laissait mourir à la moitié du film.

4. Aurenche et Bost n'ont jamais dit qu'ils étaient « fidèles ». Ce sont les critiques.

5. *Le Blé en Herbe*. Le roman de Colette était adapté depuis 1946. Claude Autant-Lara accusa Roger Leenhardt d'avoir avec *Les Dernières Vacances* plagié *Le Blé en Herbe* de Colette. L'arbitrage de Maurice Garçon donna tort à Claude Autant-Lara. Avec Aurenche et Bost l'intrigue imaginée par Colette s'était enrichie d'un nouveau personnage, celui de Dick, une lesbienne qui vivait avec la *Dame Blanche*. Ce personnage fut supprimé quelques semaines avant le tournage du film par Mme Ghislaine Auboin, qui « revoyait » l'adaptation avec Claude Autant-Lara.

6. Les personnages d'Aurenche et Bost parlent volontiers par maximes. Quelques exemples : *La Symphonie Pastorale* : « *Ah ! Des enfants comme ça il vaudrait mieux qu'ils ne soient pas nés* ». – « *Tout le monde n'a pas la chance d'être aveugle* ». – « *Une infirme c'est quelqu'un qui fait semblant d'être comme tout le monde* ».

Le Diable au Corps (Un soldat a perdu une jambe) : « *– C'est peut-être le dernier blessé* » – « *Ça lui fait une belle jambe* ».

Jeux Interdits : « Francis : *Qu'est-ce que ça veut dire : la charrue devant les bœufs.* – Berthe : *Ben, c'est ce qu'on fait* (ils font l'amour). – Francis : *Je savais pas que ça s'appelait comme ça.* »

7. Jean Aurenche était de l'équipe des *Dames du Bois de Boulogne*, mais il dut quitter Bresson pour incompatibilité d'inspiration.

8. Un extrait des dialogues d'Aurenche et Bost pour *Jeanne d'Arc* a été publié dans la *Revue du Cinéma* (n° 8, page 9).

9. En fait, le *réalisme psychologique* s'est créé parallèlement au *réalisme poétique* avec le tandem Spaak-Feyder. Il faudra bien, un jour, ouvrir une ultime querelle Feyder, avant que celui-ci ne tombe définitivement dans l'oubli.

10. « Le goût est fait de mille dégoûts » (Paul Valéry).

Elena et les hommes
de Jean Renoir

par Eric Rohmer

French-Cancan déçut en général les fervents admirateurs de
Renoir. Non que ce film parût raté, mais un peu au-des-
sous de l'ambition ordinaire de l'auteur. Et cela d'autant
plus qu'il reprenait, en le simplifiant à l'extrême, un des
thèmes du *Carrosse* : la vocation du spectacle.
Passe pour la comédie italienne, le Théâtre avec un grand
T, mais le cancan ? En plaidant pour le cabaret, Gabin plai-
dait aussi pour Renoir, qui n'avait eu autre souci que faire
œuvre la plus « commerciale ». Populaire, facile, mais point
pour autant indigne des précédentes, capable de séduire à
la fois, et pour les mêmes raisons, les frustes et les délicats.
Ce dessein orgueilleux et modeste n'était que l'aboutisse-
ment d'une évolution dont, depuis *La Règle du jeu*, nous
n'avions pas encore su bien saisir le sens. Renoir qui, au début
de sa carrière, déclarait la guerre aux poncifs, prenait le contre-
pied des goûts du public, abandonnait aux autres ses
conquêtes pour retourner à un conformisme esthétique ou
moral. Le cinéma n'étant plus pour lui un tremplin apte à
faire rebondir des idées neuves, mais un terrain particuliè-

rement propre à nourrir des lieux communs qu'aime à choyer un esprit paradoxal comme le sien. Renoir aimait trop le cinéma pour ne pas l'accepter tel qu'il est, avec sa vulgarité, et pour tout dire, sa niaiserie. Tel était le « message » de *French-Cancan*, si tant est qu'on pût parler de message. *Elena* est plus ambitieux, mais cette ambition passe par le porche d'une première modestie tout aussi complaisamment étalée que dans l'œuvre précédente. Conçu sous la forme d'une fable, il comporte une morale en apparence beaucoup plus simpliste que celle exprimée par *Boudu* ou *La Règle du jeu*. Il nous oblige donc, ne serait-ce que par préférence à ces films-là, à ne pas nous en tenir à la première apparence. Renoir ne nous a-t-il pas lui-même prévenu que le cinéma est un art difficile, et que « *dans une salle grande comme le* Gaumont-Palace, *il n'est peut-être pas trois personnes capables de comprendre le film qui passe sur l'écran* ».

Que prouve donc *Elena*, puisque, toujours selon le mot de Renoir, « *un film ne prouve rien, mais prouve tout de même quelque chose* » ? Que rien ne compte dans la vie que bien manger et faire l'amour, et que la paresse vaut mieux que toute action ? Cette règle de vie a ses patrons non méprisables, Diogène ou Epicure. Ce qui nous surprend plutôt, c'est la forme brutale et linéaire que Renoir lui donne. En condamnant Rollan, le général fantoche, il ne condamne pas seulement les dictateurs de pacotille, mais toute politique en elle-même. En raillant Elena, nouvelle Philaminte ou nouvelle Mme de Chevreuse, il ne fait qu'épaissir d'un gros trait de crayon cette caricature qu'une certaine tradition misogyne, qui va de Horace à La Fontaine en passant par les fabliaux du Moyen Age, nous avait étalée sous mille formes diverses. Je sais : « *Elena, c'est Vénus* » ; mais croyons-nous encore à Vénus ?

Renoir ne fait-il que ressasser des truismes ? S'il le fait, c'est que c'est nécessaire. Notre siècle, fort peu prude, a tout de même des tabous. Le *travail* est l'un de ceux-là. « *Mais tout de même*, dira-t-on, *prêcher le fainéantisme, à quoi cela rime-t-il ? – Vous êtes choqués*, répondra-t-il, *c'est un premier résultat.* » Et puis, un film n'est pas un catéchisme, ce mot de *paresse* est, bien entendu, symbolique. Nous sourions quand il sort de la bouche d'un clochard, là il paraît émaner de l'auteur, et c'est ce qui nous chiffonne. Etre paresseux, c'est garder encore, en cette époque pressée, un peu de goût pour la contemplation, le plaisir. Je renvoie à nos classiques, que nous commentons si bien, mais oublions au fond de mettre en pratique…

Ce n'est donc pas le plus mince mérite de ce film que de savoir redonner sens à des lieux communs. La preuve qu'il n'est pas inutile, c'est que nous voilà de nouveau surpris par des maximes qui nous furent familières quand nous expliquions Epicure ou Montaigne.

Libre à chacun de se servir d'une autre clef. Je prends celle qui m'est fournie par Renoir, quand il avance le mot de *classicisme*. C'est à cette sagesse classique, plutôt qu'au *nirvanâ* hindou, qu'il essaye de nous renvoyer. Le paysan, les bohémiens du dernier acte, se font les chantres d'un bon sens ancestral, terrien, qu'ils opposent aux miroitements d'une civilisation factice. Ce film n'est pas matérialiste, mais *païen* plus exactement. Et païen comme on sait, signifie paysan. Allons plus loin, au risque d'être imprudent. Il y a toujours quelque témérité à expliquer des symboles. Aussi me contenterai-je de la forme interrogative. Pourquoi notre blonde et claire Vénus a-t-elle besoin, pour être adorée et révélée à elle-même, d'une prêtresse noire précédée d'enfants tristes au visage barbouillé, qui évoquent les rites de quelque franc-maçonnerie moins ouverte aux « lumières » que celle de *La Flûte enchantée* ? Pourquoi l'allure de tous les personnages masculins a-t-elle, y compris les « jeunes » premiers Jean Marais et Mel Ferrer, quelque chose de simiesque ? Qui dit singe dit animal, mais en même temps fantoche. Ce qui intéresse Renoir, c'est à la fois notre croûte la plus superficielle et nos attaches les plus profondes avec le terrestre. L'âme n'est pas niée, mais se loge où elle peut. L'homme n'est peut-être qu'un animal qui singe l'homme. Idée à la fois rassurante et terrifiante.

Optimisme et pessimisme se côtoient chez Renoir, comme la grimace côtoie la grâce, comme le masque y est vérité. Vous vous souvenez de ce film de Hawks où un chimpanzé n'était pas l'acteur qui offrît le plus répugnant visage. C'est à dessein que je fais cette comparaison entre le subtil Renoir et le moins intellectuel des cinéastes américains. Tous deux, par des chemins différents, l'un porté par le génie de son art, l'autre en pleine conscience du génie de son art et du sien propre, en arrivent à cette même évidence que le cinéma est plus apte que tout à faire apparaître. Nous vivons à la fois dans le meilleur et le pire des mondes, le plus beau et le plus laid possible. C'est pourquoi Renoir, de plus en plus, s'éloigne du pittoresque qui lui offre à la fois laideur et beauté à bon compte. Il préfère découvrir l'animal sous le frac ou l'uniforme, le satyre sous Adonis.

Il ne s'agit pas de faire de notre auteur un puritain. C'est à juste titre que les anciens accouplaient Vénus à Vulcain, les nymphes aux faunes. Sans doute y a-t-il ici l'aveu d'une obsession à lui très chère, et que nous découvrons à tout instant au cours de son œuvre : mais il n'a cessé de lui donner une signification chaque fois plus proche de l'universel. L'art du burlesque, selon les canons classiques du Grand Siècle, est de parler « *noblement des petites choses* ». Il semble que, dans cette farce, Renoir fasse exactement le contraire, puisqu'il tourne en dérision les actions les plus sérieuses. Mais en vérité, il travaille moins sur une réalité noble que sur la caricature qu'elle a suscitée. Il embellit sans l'affadir un portrait style Caran d'Ache, hausse de plusieurs portées le ton d'une imagerie d'Epinal qui est sa matière réelle. Tel est, je crois, ici son secret. Loin de schématiser, il donne la liberté de la vie à une vision d'emblée schématique. Rien de plus facile à mouvoir pour un cinéaste médiocre que la marionnette, rien de plus contraire au génie du cinéma que le mime. Renoir le sait mieux que quiconque, mais sa maîtrise est telle, il a fait un si long et si brillant stage à l'école du réalisme, qu'il se joue de la difficulté contre laquelle achoppent les autres.

L'art, ici, il faut donc le saisir, non dans les grandes masses, mais dans les fioritures, et c'est pourquoi une seconde, une troisième vision sont nécessaires. Peu à peu ces pantins perdent leur démarche mécanique, nous devenons sensibles à mille nuances de jeu qui, au premier abord, nous avaient échappé et commentent un dialogue assez carré d'angles. Il ne s'agit pas d'un approfondissement des caractères. Renoir nous dit encore, toujours à propos d'*Elena*, « *qu'il n'a pas voulu faire de psychologie* ». Entendez de psychologie au sens que lui ont donné les auteurs du XVIIᵉ siècle. Ses personnages ont des réactions aussi bien déterminées d'avance que, mettons, le Loup et l'Agneau des *Fables* de La Fontaine. Comme pour le fabuliste, il n'est pas pour lui de genre méprisable, pourvu qu'on sache y apporter « *de la nouveauté et de la gaieté* » et, cela va de soi, de l'élégance.

Cette comparaison choquera peut-être les admirateurs de l'un et de l'autre auteur, et surtout je crois ceux du cinéaste. Mais je rappellerai que Valéry a réhabilité d'assez magistrale façon le poète d'*Adonis* ; et puis, pourquoi ne pas saisir la perche que Renoir nous tend, même si elle est un tantinet traîtresse ? Son classicisme n'est pas spontané, comme celui des Anciens ou des Américains d'Hollywood, mais volontaire, comme celui de nos auteurs français, et point pédant pour autant. Comme Molière, qui porta la farce des planches de Tabarin sur celles du Théâtre-Français,

41

il se propose de « *faire rire les honnêtes gens* » et le peuple d'un rire qui sonne du même son. Cette tâche, ingrate, le cinéma, depuis Chaplin et Mack Sennett, l'avait, dira-t-on, menée à bien. Renoir a en plus la claire notion de ce qu'il fait, ce qui ne facilite pas son travail. Il ne connaît pas cet humour méprisant sous lequel se dérobent d'autres, moins inventifs et plus amers. Il veut faire oublier qu'il connaît trop bien ses classiques, ceux du cinéma et les autres et, chose rare, y réussit.

Ne nous laissons pas prendre à ses nonchalances de grand seigneur, comme à l'actuel dépouillement de son style. Après avoir manié en maître le travelling et la profondeur de champ, il s'amuse à nous présenter une image plate, hachée, discontinue, comme pour évoquer le kaléidoscope quasi contemporain de son action. Nous, ne vous y laissez pas trop prendre… Une question par exemple. Quelle est la sorte de plan qui domine dans *Elena* ? Le plan général, répond-on sans hésiter. Eh bien justement, les plans de détail sont beaucoup plus nombreux que ceux d'ensemble, mais par un juste dosage, le metteur en scène sait nous donner, à tout moment, l'illusion que nous voyons le tout du décor et qu'en même temps les personnages sont aussi près de nos yeux que nous le désirons.

Un autre exemple encore : essayez de refaire le geste du bras par lequel Pierre Bertin, tout à la fin, avant de se mettre à table, exprime avec tant de saveur, la morale, l'une des morales de la fable ? Essayez, et vous comprendrez combien Renoir est inimitable, et combien est ingrate la tâche du critique condamné à célébrer par des mots les mérites d'un art qui a su rendre la mimique encore plus subtile et plus éloquente que la plus belle prose du monde.

ERIC ROHMER
(*Cahiers du cinéma* n° 64, novembre 1956)

Le miracle des objets

(Un Condamné à mort s'est échappé
de Robert Bresson)

par Eric Rohmer

Bresson se dérobe à tout classement. Ce n'est point qu'il
répugne aux théories, bien au contraire : ses intentions sont
claires et transparaissent nettement dans son œuvre sans
qu'il ait besoin de les commenter. La première de ces idées
est que le cinéma est un art difficile, rigoureux, épris de
perfection, qualités qui ne se jugent qu'au résultat. Aucun
mépris chez lui pour le public : celui-ci n'a qu'à se montrer aussi exigeant que l'est, vis-à-vis de lui-même, le
cinéaste. Il importe de se débarrasser de maintes habitudes
fâcheuses, séquelles du théâtre dont les scories barbouillent
encore l'écran. L'art cinématographique n'a pas encore
trouvé son vrai ton, son vrai naturel. Parfois, à tel passage d'un film que nous aimons, qu'il vînt d'Europe ou
d'Amérique, nous avons eu envie de nous écrier : « *Mais
c'est du Bresson !* » Nous voulions dire que l'auteur rompait
avec un certain clinquant, se passait résolument d'une
indulgence dont nous aurions aimé nous savoir dispensés :
« *c'est du Bresson* », preuve irréfutable de sa pureté, si nous
en avions ailleurs d'autres de son génie.

Bresson n'est pas un maître, mais un exemple. Et c'est pourquoi, pendant ses années de silence entre les *Dames* et le *Journal*, entre le *Journal* et *Le Vent souffle où il veut*, avons -nous cru parfois, non sans ingratitude, que s'il n'existait pas, il fallait qu'on l'inventât. Il nous avait appris quelque chose, un rien, une simple exigence sans laquelle nous eussions été impuissants à découvrir toutes les beautés que nous décelions ailleurs. Nous sentions le cinéma tâtonner dans un sens que Bresson nous avait révélé comme possible. Ce classique, ce modeste faisait ainsi figure de précurseur, et si les œuvres les plus récentes des autres rivalisaient avec les siennes dans notre cœur, c'est de lui que nous tenions notre aptitude à les aimer.

Roland Monod, le mois dernier, vous a fait entrer dans les arcanes de la fabrication de ce film. Allait-il tromper notre attente ? Il ne fallait pas seulement qu'il se conformât à ce que nous savions de Bresson, mais apportât quelque chose de plus encore. Il importait que le Bresson réel l'emportât, sans coup férir, sur le Bresson mythique. Nous craignons qu'il n'eût rien à nous apprendre, en un temps où on ne sait se contenter d'admirer. Nous redoutions de n'avoir à dire que : « *C'est beau* ».

C'était là le timide reproche que j'osais faire au *Journal d'un Curé de Campagne*. La beauté du roman ne ternissait pas celle du film : nous aimions trop le cinéma pour ne pas souhaiter le voir briller de feux qu'il ne doit qu'à lui. Bresson s'effaçait derrière Bernanos, mais ce n'était peut-être, comme le montre ce film-ci, au sujet tout voisin, qu'une illusion humblement entretenue par l'auteur lui-même.

Ici le cahier d'écolier a disparu, mais nous entendons la même voix brève. Sans maladresse, sans le grasseyement complaisant du speaker professionnel, sèche comme les notations d'un journal de bord. Aucun mot, au début, sur l'ennui, les méfaits et les bienfaits de la solitude, et autres lieux communs de la littérature des prisons. On nous a sevré

44

d'une première évasion spectaculaire et de la brutalité des gardes, non par l'amour d'une litote qui n'est chez certains qu'une forme déguisée de l'hyperbole, mais parce que cela est étranger au sujet qui nous occupe. De même, refuse-t-on de nous dévoiler l'âme. Il n'est question que de technique et la plus humble : convertir en outils, en instruments d'évasion les objets usuels. Combat plus prosaïque que celui du curé d'Ambricourt. Mais la matière se modèle avec autant d'égards, sinon plus de difficultés que l'âme. Ce qui compte, c'est la précision respectueuse du geste, la beauté de l'homme au travail. Nous comprenons pourquoi Bresson met les *Hommes d'Aran* de Flaherty (pensez à la scène de la corde) au nombre de ses films préférés. Il introduit dans son œuvre une tension qui est celle du rythme ordinaire de la vie et ne doit rien aux schémas dramatiques en usage. Il remplit minutieusement un temps que d'autres ne veulent gonfler que d'attente : chaque instant est plein, et si l'idée d'ennui est étrangère à quiconque, c'est bien à notre prisonnier qui ignore le jour de son exécution, comme celui de son évasion dont l'heure s'éloigne à mesure qu'il consolide ses préparatifs. Faut-il parler de *suspense* ? Non, si l'on entend par ce mot un choix savamment dosé de bons ou mauvais présages. Oui, s'il est vrai que rien ne puisse nous distraire de cette pensée unique : l'évasion.

Si Bresson ne s'était inspiré d'un fait vrai, peut-être lui aurait-il été difficile de ne pas établir, entre les succès et les déceptions, une balance qui eût trahi l'artifice. L'authenticité de l'anecdote le délivre du souci du vraisemblable, allège cette démonstration de toute lourdeur inutile. Et alors, peu à peu, en même temps que se descellent les planches, se tordent les crochets, se tressent les cordes, un ordre nouveau de réflexions vient se substituer à l'ancien, dans notre esprit comme dans celui du prisonnier. Sur le monde des causes se greffe celui des fins, « *une main invisible, sur la pri-*

son, dirige les événements, fait que telle chose réussit pour l'un et non pour l'autre ». Fontaine connaît la foi qui, loin de l'encourager à la paresse, le faire compter sur le hasard, ne le rend que plus ingénieux, plus prudent. Les autres, au lieu de l'envier, de l'imiter, le considèrent comme l'élu, seul capable de tenter ce dont ils ne sont pas dignes. Tout est matériellement explicable, mais c'est précisément pour cela, parce que nous suivons dans le détail la série des difficultés, des obstacles tour à tour éludés qu'il nous est permis, ainsi que Bresson nous y invite, de prononcer le mot *miracle*. « *Tout est grâce* », disait le curé de Bernanos et, cette fois-ci, Bresson ajoute : « *même la volonté et la patience humaines.* » La prédestination est le plus sûr garant de notre liberté.

Cette idée chère au jansénisme comme au pasteur protestant du récit, prend toute sa force au moment où, alors que les préparatifs sont terminés, un second prisonnier, gamin de seize ans qui a déserté l'armée allemande, est introduit dans la cellule de Fontaine. Est-ce un espion ? Fontaine ne le croit pas, mais c'est une âme lâche et irrésolue qu'il doit barder de fer comme il l'a fait des lanières découpées dans les couvertures. Les mots remplacent les gestes, mais c'est la même tâche qu'il faut accomplir, adroite, prudente, parfois rusée. Un dialogue admirable – et que je voudrais pouvoir citer – fait écho au silencieux travail de la première partie. Malgré ses maladresses, cet envoyé de la dernière heure facilitera l'évasion. En fait, sans sa présence, elle eût été impossible.

Le film s'ouvre sur les premiers accords de la *Messe en ut mineur* de Mozart. La musique cesse dès la fin du générique. Seule la courte phrase d'introduction viendra, à cinq ou six reprises, accompagner certaines fins de séquence. Contrairement aux œuvres antérieures, celle-ci se passe donc presque entièrement du secours de la musique. Louons Bresson de son choix, comme de sa discrétion. Ces quelques mesures mozartiennes n'ajoutent rien à l'œuvre la plus musi-

46

cale que le cinéma ait conçue, elles ne peuvent hausser un ton qu'on a peine à imaginer plus haut. J'ose même dire que le film rivalise avec elles et que, de la confrontation, il sort égal, sinon victorieux. On sait le soin que l'auteur apporta à la confection de sa bande sonore. Le succès dépasse toute attente ; cette mélodie des bruits familiers, ce susurrement du silence, cette profondeur, amie ou traîtresse, des espaces nocturnes, les voici pour la première fois peut-être dans l'histoire du cinéma, présents, palpables, vrais et harmonieux, vrais parce qu'harmonieux. Quant au ton des dialogues et du commentaire sur lequel Bresson exerça une attentive tyrannie, il m'est apparu d'une justesse qui ne doit rien, je pense, à la connaissance que j'avais de ses intentions. Rien, même pour l'esprit le plus réfractaire, ne trahit l'amateur, reproche qu'on pouvait faire à certains passages du *Curé de Campagne*. Spéculer sur l'absence de métier est une facilité que le metteur en scène a écarté au même titre que les autres.

Cette musicalité, nous la trouvons aussi dans l'image, volontairement grise. Une invention constante, mais nulle préciosité dans les cadrages ou les angles de prise de vue. Bresson, comme les grands peintres, a sa touche, son trait décelable à sa pureté sans sécheresse, la douceur jamais molle de ses inflexions. Mais ce film, où l'on vit entre quatre murs et où l'on ne marche qu'à pas feutrés, est un des moins statiques que je connaisse : sa beauté picturale doit avant tout à la noblesse du geste ou du regard, regard à la fois lointain et précis, rêveur ou terriblement attentif, regard du héros en quête d'un *graal* matériel et spirituel, refusé à son seul dégoût, sa seule lâcheté. Ce *Lancelot* dont Bresson ne put réaliser le projet, le voici enfin, plus beau peut-être encore sous le costume moderne.

ERIC ROHMER.
(Cahiers du cinéma n° 65, décembre 1956)

Six personnages
en quête d'auteurs

Débat sur le cinéma français
(*extraits*)

Les Cahiers *ont, jusqu'alors, beaucoup et peu parlé du cinéma
français. Beaucoup, des metteurs en scène que nous aimons. Et
peu des autres – par lassitude, politesse, sentiment de l'inutile…
Ceci a pu faire croire que nous ne consentions à nous intéresser
qu'aux cinémas étrangers (transalpin ou transatlantique), alors
que cependant les conversations de nos rédacteurs concernent plus
souvent Saint-Maurice ou Billancourt que Cinecitta ou Beverley
Hills. Mais les propos de salle de rédaction ne sont pas toujours
de ceux qui se peuvent imprimer.*

*Au seuil de ce numéro, la question se posait donc : qui se char-
gerait, et sous quelle forme, d'un bilan de notre cinéma, qui
soit juste sans tourner pourtant au jeu de massacre ? Nos cinéastes
ont, par ailleurs, assez de thuriféraires patentés pour pouvoir
se passer de l'approbation systématique de nos modestes plumes ;
et qu'il y ait quelque chose de pourri dans notre royaume cinématographique, nul n'en disconvient. Mais pourquoi ? Voilà de
quoi discuter longuement, voilà sur quoi s'opposer ; et le plus
simple était peut-être justement de reproduire une de ces conversations où, plus librement que devant la page blanche, chacun*

dit ce qu'il croit vrai. Ce qui fut fait. Sont donc réunis, autour du magnétophone, André Bazin, Jacques Doniol-Valcroze, Pierre Kast, Roger Leenhardt, Jacques Rivette et Eric Rohmer.

Une crise (de l'acceptation) des sujets

ANDRÉ BAZIN : « Situation du cinéma français », cela implique à la fois évolution et conjoncture. Je suis d'avis que ce soit Rivette qui commence. C'est lui qui a l'opinion la plus violente et la plus nette.

JACQUES RIVETTE : Ce n'est pas à vrai dire une opinion, c'est plutôt une formule. Je crois que le cinéma français est actuellement un cinéma anglais qui s'ignore, ou plutôt un cinéma anglais que l'on ignore être tel, dans la mesure où il est fait par des gens qui ont tout de même du talent. Mais les ambitions et la valeur réelle des films ne me semblent pas plus élevées que celles du cinéma anglais, sur lequel, je suppose, tout le monde est d'accord.

BAZIN : En quoi, d'après vous, la médiocrité du cinéma anglais est-elle exemplaire ?

RIVETTE : Cinéma anglais, c'est-à-dire cinéma de *genres*, sans que ces genres aient une nécessité profonde. D'une part il n'y a pas, comme à l'intérieur du cinéma américain, des genres ayant leur justification propre comme le western, le policier (les westerns moyens ont une valeur indépendante de l'existence des grands westerns). Ce sont des faux genres dans la mesure où ce sont des genres d'imitation. La plupart d'ailleurs, ne sont que l'imitation de ceux du cinéma américain. Et, d'autre part, ce n'est pas non plus un cinéma d'auteurs, puisque personne n'a rien à dire. C'est un cinéma boiteux, un cinéma entre deux chaises. Un cinéma purement fondé sur l'offre et la demande, et même sur de fausses idées de l'offre et de la demande. On croit que le public demande tels genres, on lui en fournit en

49

essayant de jouer toutes les règles de ce jeu, mais on les joue mal, sans franchise et sans talent.

PIERRE KAST : La distinction, films de genres, films d'auteurs est absolument arbitraire. Tout ce qu'on peut constater, c'est que le cinéma français est dans un état de complète médiocrité. On fabrique un produit qui est toujours le même. Les distributeurs qui sont les vrais patrons de la production font preuve d'un manque d'imagination total. Ils refont toujours la même chose sous prétexte d'une interprétation absolument arbitraire et régalienne des goûts du public.

ROGER LEENHARDT : Il semble qu'on pourrait éclairer le débat en faisant un parallèle, qui au premier abord semble inutile, mais qui est peut-être fructueux. J'imagine qu'au lieu de parler de l'état actuel du cinéma français, nous soyons des critiques littéraires, que nous parlions de l'état actuel du roman ou de la littérature française, et que nous la comparions à la littérature anglaise ou américaine. Nous nous apercevrions qu'il y a dans l'année, ou dans les années qui viennent, très peu de choses à dire sur la littérature française, et cela n'étonnerait personne. Il s'agit de savoir si nous parlons comme des critiques littéraires, à un point de vue supérieur de la culture, ou à un point de vue de cuisine professionnelle. Ce sont deux choses différentes. La distinction à faire est beaucoup moins entre les films d'auteurs et les genres, qu'entre un cinéma moyen et les efforts des créateurs nouveaux qui représentent les tendances des créations nouvelles. J'ai l'impression que c'est cette distinction fondamentale que nous pourrions faire au départ.

KAST : Ce qui est dommage, c'est qu'en matière de cinéma cette distinction n'a absolument pas cours, étant donné que l'existence même d'un cinéma qui ferait partie de la seconde catégorie dépend en réalité, sur le plan de sa production, de la première. Les films d'auteurs sont produits exactement dans les mêmes conditions et pour les mêmes raisons que les films commerciaux.

LEENHARDT : Quand il y a vingt-cinq ans Prévert faisait *L'Affaire est dans le sac*, tout le monde pouvait penser que c'était une plaisanterie. Durant quinze ans il a été imité cent fois, et a créé globalement l'esprit du cinéma français. Le problème, en dehors des questions de marchands ou de distributeurs, est de savoir si actuellement, nous assistons à la naissance d'une tendance qui, peut-être, dans quinze ans constituera la tendance moyenne du cinéma.

BAZIN : Je suis d'accord avec Leenhardt. Je tiens cependant à noter que le cinéma américain a justement pour caractère essentiel que le film moyen, le film de commerce qui en constitue la majeure partie est précisément un film de genre. La santé du cinéma américain est fondée sur la santé des genres. Il peut y avoir une production moyenne, même courante, dans la mesure où il y a des genres valables. Ce qui fait la faiblesse des cinémas européens est au contraire de ne pas pouvoir se reposer, pour leur production courante, sur des genres. Dans le cinéma français d'avant-guerre il y avait sinon un genre, du moins un style, celui du film noir réaliste. Il se prolonge encore maintenant, mais s'est diversifié, et je crains que l'un des drames du cinéma français ne soit fondé sur l'impossibilité de posséder des genres moyens, ayant une santé profonde comme il en existe en Amérique. C'est une parenthèse qui intéresse plus le cinéma américain que le cinéma français.

RIVETTE : C'est une parenthèse, mais je crois qu'elle ouvre sur l'essentiel, puisque justement on ne pourrait faire, me semble-t-il, quelque chose de bon dans le cinéma européen (non seulement cinéma français, mais aussi cinémas anglais ou italien) qu'en partant de cette constatation : l'inexistence de genres possédant une qualité moyenne. Il faudrait donc se résigner à l'exception. C'est admettre, au départ, qu'il ne pourra y avoir, non seulement de grands films, mais de bons films en Europe que dans la mesure où l'on choisira de ne pas traiter de sujets de « genre », puisque tout genre est condamné à l'avance, à la base.

KAST : Il n'est pas condamné puisque vous venez d'expliquer, fort bien d'ailleurs, qu'il n'existait pas.

RIVETTE : Il n'existe pas profondément. Il existe malheureusement dans les faits.

KAST : Je m'excuse beaucoup d'avoir à faire le marxiste de service comme on faisait venir l'ilote ivre dans les banquets des spartiates, mais il est certain que l'un des problèmes du cinéma français (et qu'on doit poser en premier, sous peine de marcher sur la tête) est de se demander dans quelles conditions les éventuels auteurs de films trouvent la possibilité de s'exprimer.

LEENHARDT : Je n'aime pas les arguments d'autorité mais je me rappelle une conversation que j'ai eue avec le directeur général de la cinématographie qui me disait (c'était son opinion personnelle, dans une conversation également personnelle, très libre), qui me disait que, quoi qu'on prétende, la santé financière du cinéma français est relativement très remarquable. « *Il est absolument évident*, ajoutait-t-il, *que nous nous trouvons presque uniquement en face d'une crise du sujet.* » Ma thèse est que le cinéma français d'avant-guerre (j'ai prononcé le nom de Prévert, ajoutez-y Aurenche, Cocteau et quelques autres) a subi l'influence déterminante, même au point de vue quantitatif, de certains scénaristes. De même, c'est l'*intelligentsia* italienne de la nouvelle génération d'écrivain qui a fait le cinéma italien. Et le cinéma américain lui-même a été orienté par le roman policier noir et les grands *best-seller* sociologiques.

JACQUES DONIOL-VALCROZE : Oui, mais à l'inverse du phénomène décrit, influence des scénaristes, ce qu'on constate dans le cinéma français depuis la Libération c'est, au contraire, l'apparition d'un certain nombre de metteurs en scène plus ou moins auteurs de films qui auraient pu être, dans le cinéma, l'équivalent de ce qu'a été l'école de Paris dans la peinture. On aurait pu croire, avec beaucoup d'optimisme, en 1946 ou 47, que MM. Bresson, Becker, Clouzot, Clément allaient, sur le plan du style, créer une espèce de nouvelle école du cinéma français. Ce qui n'a pas eu lieu, je crois, parce qu'il n'y avait pas d'accord sur le fond, ou d'inspiration commune.

RIVETTE : C'est certain : on peut dire que malgré leurs grandes réussites, Clouzot, Clément et Becker ont échoué, parce qu'ils ont cru qu'il suffisait de rechercher un style pour arriver à refaire une nouvelle âme au cinéma français. Il est bien évident, au contraire, que le néo-réalisme italien n'a pas été d'abord une recherche de style. C'est devenu un style ; mais celui-ci faisait partie d'une idée du monde nouvelle, tandis que je défie bien qui que ce soit (et je pense que tout le monde est d'accord) de trouver une idée du monde dans les films de Clouzot, dans les films de Becker ou dans les films de Clément. Ou, du moins, ce sera une idée du monde banale, littéraire, et qui date de vingt ou trente années.

KAST : Je crois, moi aussi, que ce qui a manqué à une éventuelle école française du cinéma d'après-guerre, c'est quelque chose de précis à dire. Toutefois j'ai un certain nombre de corrections à apporter à ce que vous affirmez. Dans les films capitaux français qui ont été faits depuis cette époque, il y en a que j'aime, il y en a que je n'aime pas. J'aime, par exemple, beaucoup l'œuvre de Clément. J'y discerne une continuité. Cette continuité n'est pas, bien entendu, dans la *Weltanschauung* éventuelle de Clément, mais dans un certain style, dans un certain ton qu'il maintient à travers son œuvre, et qui fait de lui, à mon avis, le plus grand metteur en scène vivant en ce moment (en mettant à part le cas de Bresson). D'autre part (je m'excuse d'insister là-dessus) je

53

voudrais qu'on se débarrasse, d'abord du problème des conditions de la création. Il est certain que, si on regarde comment les films se font en France, on s'aperçoit qu'il est relativement facile (à supposer qu'on ait un sujet et qu'on ait envie de le faire) de trouver un producteur et un acteur-vedette pour faire ce film. Là où commencent les difficultés, c'est quand on a affaire aux vrais maîtres de la production, qui sont les distributeurs. Le distributeur, ce n'est pas du tout la bête odieuse qu'on croit : c'est quelqu'un qui a un certain capital à gérer et qui essaye de le gérer dans les conditions *optima* de rentabilité. Mais ce distributeur manque, d'une manière absolument totale, d'imagination. Les grandes maisons de distribution ont envie de faire toujours le deuxième film : elles n'achètent pas le premier film *Pain, amour et fantaisie*, mais le deuxième, elles n'achètent pas le premier *Don Camillo*, mais le deuxième. Un des problèmes clefs de la production en France est de trouver un distributeur qui aurait envie de faire le premier. La crise des sujets, ce n'est pas seulement une crise des auteurs, c'est une crise de l'acceptation des sujets.

LEENHARDT : Je n'en suis pas sûr. Si je vais à Rome, je vais à un café de la place d'Espagne ou de la place du Peuple, et je parle à des gens qui sont à la fois les gens qui font la littérature italienne et les gens qui font le cinéma italien. Ce sont les mêmes. Il y a vingt ans (et je m'excuse de remonter en arrière, parce que je suis l'aîné), on avait l'impression que l'on sortait d'une époque où le cinéma était totalement ignoré de la littérature. Puis, brusquement, des gens qui écrivaient à la N.R.F. se sont mis à s'intéresser au cinéma, et nous avons vu naître les premiers scénaristes. Ils n'étaient pas de simples professionnels du cinéma, mais auraient pu être, et étaient en même temps des écrivains. Je prends l'exemple de Pierre Bost. A ce moment-là j'ai pensé que, vingt-cinq ans plus tard, le cas se généraliserait et que tous les jeunes écrivains seraient ambivalents, comme en Amérique, comme en Italie. Or, par rapport à cette époque, je constate, non pas un progrès, mais un recul certain. Je vois aujourd'hui les scénaristes ne pas être des écrivains mais, de plus en plus, des professionnels du cinéma. Je vois, de plus en plus, les metteurs en scène être d'anciens assistants, et non pas, comme il y a quinze ans, des auteurs. Ce phénomène a-t-il une raison économique ? Peut-être ; et d'ailleurs, la rémunération des gens de cinéma, qui était considérable, par rapport à celle de la littérature et du théâtre, a baissé. J'ai vu des gens faisant métier de cinéma me dire : « *Je m'arrête, je perds trop de temps. J'écris une pièce ou je fais un livre.* » Cette nécessaire collaboration de l'intelligence, et de l'art en général, au métier cinématographique, au lieu de s'être étendue en France, comme tout le laissait prévoir, est en pleine régression.

Raisons d'un pessimisme

BAZIN : Bien entendu notre sévérité implicite, ou explicite à l'heure actuelle, ne doit pas faire croire qu'il n'y a autour de ce micro que des ennemis du cinéma français. Notre attitude est plutôt de dépit amoureux. Nous avons tous mis de très grands espoirs dans un certain nombre de metteurs en scène, et nous étions tous prêts, il y a trois ou quatre ans, à estimer que le cinéma français de l'après-guerre était un cinéma français en progrès sur le cinéma français de l'avant-guerre même. Si nous avons une attitude plus amère maintenant, c'est que nous craignons de voir l'évolution même des maîtres que nous aimons aller vers une espèce de qualité vide, formaliste en partie : en tout cas qui ne paraît pas traîner avec elle les messages éthiques qui font les grandes œuvres. Soyons francs : par exemple *Arsène Lupin* ou *Gervaise* sont parmi les œuvres les plus achevées de Becker et Clément, mais peut-être aussi les plus vides. Il y a là tout de même un drame, une inquiétude qui nous saisit et que traduit le pessimisme de ce débat.

KAST : De ce point de vue il y a une chose qui fait, je crois, l'unanimité. Sur les œuvres d'une année, aucun d'entre nous ne place un film français dans les tous premiers. Il n'y a pas, par exemple, de cinéaste français que j'aime autant que j'aime Bardem, ou Fellini, ou Gene Kelly et Stanley Donen, ou Ingmar Bergam, ou Visconti. Il n'empêche qu'un certain nombre de metteurs en scène français sont pour moi des gens très importants.

ROHMER : Je vous rappelle que, dans la liste des dix meilleurs films publiés par *Les Cahiers*, *Un condamné à mort* et *Eléna* venaient dans les premiers rangs.

KAST : Chacun aime ces films ou ne les aime pas. J'aime beaucoup *Un condamné à mort*, je lui ai mis le numéro 4 cette année. Je déteste *Eléna*. C'est un film qui a pour moi une qualité de produit commercial, et rien d'autre. C'est un produit qui marche. Tant mieux ! J'en suis ravi pour le producteur. Maintenant, qu'il ait été fait par un auteur nommé Renoir, cela reste à prouver.

RIVETTE : Je ne voudrais pas rouvrir le débat sur *Eléna*, ce qui nous éloignerait considérablement du sujet. Je pense qu'il faut, avant tout, mettre à part justement le film de Bresson et le film de Renoir, si l'on veut faire le bilan de cette année de cinéma, puisque ce sont précisément deux exceptions.

BAZIN : Ce serait beaucoup par an, deux exceptions.

RIVETTE : Oui, ce serait beaucoup. Mais, pour que le cinéma français soit réellement vivant, je crois qu'il ne faudrait pas s'en tenir là. Il faudrait au moins dix exceptions par an. A part ces deux-là, je ne vois cette année qu'un seul film français « vivant », et ce n'est pas *Gervaise*, et ce n'est pas *La Traversée de Paris* : c'est le film de Vadim *Et Dieu créa la femme*, bien qu'il soit évidemment beaucoup moins parfait que *Gervaise* ou que *La Traversée*, même du simple point de vue commercial. Mais il y a un ton neuf dans le film de Vadim, alors que je ne vois rien de semblable dans le film de Clément, ou dans celui d'Autant-Lara.

DONIOL-VALCROZE : Exactement comme il y a un an ou deux, *Les Mauvaises rencontres*, étaient, à mon avis, le film le plus suggestif et le plus fructueux.

KAST : Je ne partage pas du tout les *a priori* de Rivette. Rivette a une façon de dire : « *Il y a deux films dans l'année qui sont une exception.* » C'est son opinion qu'il érige immédiatement en jugement, contre quoi je m'insurge absolument. Il est pour le moins bizarre d'essayer de fonder l'ensemble du raisonnement et de la discussion sur le fait que Rivette a aimé, ou n'a pas aimé, *Eléna* et le film de Vadim.

LEENHARDT : Lesquels, vous, Pierre Kast, aimez-vous ?

KAST : Dans l'année ? En dehors du film de Bresson et du film de Autant-Lara, je n'ai été tenté de n'en mettre aucun dans ma liste des dix meilleurs films. Vraisemblablement le film de Clément serait le onzième. *Gervaise* est un film que j'aime beaucoup. Je ne pense pas que ce soit le meilleur de Clément. C'est un excellent travail comme on dit : « *Cette table de Monsieur Untel est une table qui est signée de Monsieur Untel.* » *Monsieur Ripois* ou *Jeux interdits* sont, à mon avis, bien supérieurs : c'est l'évidence. Mais, après tout, Clément n'est pas forcé de faire, à chaque fois, son meilleur film.

BAZIN : Je crois qu'on peut mettre d'accord Rivette et Kast. Evidemment chacun de nous a une préférence. Il demeure que nous reconnaissons tous qu'il y a trois ou quatre ans on s'inquiétait de ce que les grands metteurs en scène ne travaillaient plus : depuis deux ans, tous les metteurs en scène de qualité travaillent, et même les autres. Et, bien que ces metteurs en scène travaillent et dans des conditions, me semble-t-il, plus libres qu'auparavant, nous constatons que la courbe, loin de remonter en flèche, comme ce devrait être, est en train de baisser. Et alors, ce qui est important, c'est que Clément, tournant *Gervaise*, fait un film de grande valeur sans doute (nous sommes tous d'accord là-dessus), mais que Kast même, qui est parmi nous celui qui le préfère, estime bien inférieur à *Ripois* ; c'est que Becker tournant *Arsène Lupin*, dans des conditions relativement libres et par un libre choix, fait un film très inférieur à *Casque d'Or*. Alors, est-ce qu'il y a une évolution ? Je crois que le débat est assez mûr pour que nous réfléchissions sur ce problème : y a-t-il une évolution ou une involution du cinéma français ?

L'académisme et la conquête du monde

RIVETTE : Je crois que cette évolution des grands metteurs en scène porte un nom sur lequel nous sommes tous d'accord implicitement : c'est le nom d'*académisme*. Cet académisme n'est pas grave en soi. Par exemple l'académisme est moins grave dans le cinéma américain dans la mesure où, lorsque King Vidor fait *Guerre et Paix*, on sait fort bien à l'avance quelles limites lui imposent la Paramount, Dino de Laurentiis et tout le système de la super-production. Ce qui est grave, dans l'académisme des derniers films de Becker et de Clément, c'est qu'il s'agit d'un académisme auquel les metteurs en scène ont consenti. Et l'on peut même se demander dans quelle mesure ils ne le recherchent pas. Je pense surtout à *Arsène Lupin* : là où Becker aurait pu faire un film libre, insidieux, ironique ou poétique, il a choisi de faire un film commercial, avec de place en place des petites pointes personnelles, mais qui sont noyées dans la masse des concessions voulues. Même chose pour *Gervaise* de Clément, qui aurait pu être un film percutant, malgré le handicap que représente le fait de tourner un film d'après Zola en 1957 ; mais Clément a choisi de faire un film qui s'adapte au système.

LEENHARDT : Alors là, je rejoindrai le point de vue de Kast, qui est le point de vue économique. Ce qui caractérise l'évolution du cinéma français, depuis quatre ans, sur le plan économique, c'est-à-dire du financement, c'est que pour des raisons qu'il n'importe pas de développer ici, les films rentables sont des grandes productions ou co-productions dites internationales, celles qui visent essentiellement le marché étranger. Et il est très probable qu'un certain affadissement, une certaine tendance vers ce que vous appelez l'académisme, tient au fait que les metteurs en scène n'osent pas se lancer dans un film dont l'optique soit essentiellement celle de leur culture, c'est-à-dire un film français, mais visent à produire un film international. Je me rappellerai toujours ce mot qui m'avait frappé. Il est du producteur du précédent film de Becker, *Ali Baba* : « *Vous me comprenez. J'ai dit à Becker : il ne s'agit pas de faire le* Grisbi, *mais il s'agit de faire le film qui puisse être vu à la fois à Berlin, à Pékin et à Hollywood !* »

ROHMER : Cela est très grave, car c'est précisément de son caractère universel que le cinéma américain tient sa valeur. Le cinéma américain fait école. Ce que l'on doit déplorer, ce n'est pas tellement que le cinéma français ne produise pas des œuvres dignes d'estime, mais que ces œuvres soient fermées, c'est-à-dire n'influent pas sur celles des autres pays. Il n'y a pas ou plus d'école française, alors qu'il y a une école américaine et une école italienne.

KAST : Je m'excuse de changer un petit peu de registre. Je voudrais partir de tout ce que Rohmer vient de dire, de tout de tout ce que Leenhardt vient de dire pour essayer de faire un tout petit pas en avant. Je crois que, bien que je ne sois pas chrétien, on peut trouver l'origine de tout çà dans une petite parabole : celui qui veut sauver sa vie, la perd, et c'est celui qui ne cherche pas premièrement à la sauver qui a toutes les chances de gagner. Autrement dit, c'est dans la mesure où l'on cherche un succès, qu'on commence déjà à tenir en germe l'échec, alors qu'au contraire, dans la mesure où on cherche quelque chose de nouveau, on commence à avoir une petite chance de vrai succès. Il y a une mauvaise optique du système producteur qui consiste à imaginer que, parce qu'un succès à été obtenu, il suffit de reproduire les mêmes conditions de température et de pression pour le rééditer, alors que la vraie sagesse consisterait à dire : « *C'est* Ali-Baba *qui a eu du succès : eh bien ! je vais faire autre chose* » et non pas : « *C'est* Ali-Baba *qui a eu du succès : je vais faire* Le Fils d'Ali-Baba ».

LEENHARDT : Dès qu'on parle de questions d'argent, il faut être précis. J'ai été très étonné de la modestie (peut-être calculée) d'un grand distributeur français, M. Morgenstern, à propos d'un film que personne n'a cité, mais qui a tout de même un intérêt statistique, c'est-à-dire qui bat, qui pulvérise tous les records de recettes : *Notre-Dame de Paris*, de Delannoy. M. Morgenstern disait : « *Je ne prétends pas que ce soit un chef-d'œuvre, je prétends modestement que nous avons fait un succédané honorable de la grande production américaine qui permet à Hollywood de tourner par ailleurs des films extrêmement intéressants.* » Il est obligatoire, quand on veut traiter de problèmes mêlés d'art et d'argent, de noter qu'en face de cet affadissement de certaines œuvres de maîtres français, nous constatons (cela est le résultat d'une politique donnée), un certain succès de ce genre dont le film de Delannoy est un exemple parfait. Et c'est lui qui rend possible la santé financière du cinéma français.

KAST : Nous sommes tous d'accord ici sur le fait que nous souhaitons que les gens gagnent de l'argent pour pouvoir courir un certain nombre de risques. Ce qui est ennuyeux, c'est que le fait qu'ils commencent à gagner de l'argent, les incite à miser sur le même cheval, alors que, précisément, le fait qu'ils ont gagné sur ce cheval devrait les inciter à miser sur un autre.

RIVETTE : Il y a autre chose, me semble-t-il, d'ennuyeux. Tout le monde s'accorde pour se féliciter presque de l'existence de *Notre-Dame de Paris*, dans la mesure où un tel film est fait par Delannoy. Ce film existe : il doit rapporter tant d'argent ; nous n'irons pas le voir, c'est tout. Cela devient grave, lorsqu'on demande aux metteurs en scène de talent de faire des *Notre-Dame de Paris*. Et, ce qui est encore plus grave, c'est le moment où ces metteurs en scène de talent acceptent de les faire, avec cependant une arrière-pensée en tête : tourner eux aussi un film de 400 millions, parce que cela va leur permettre de devenir un grand metteur en scène français, parce qu'ils vont toucher beaucoup d'argent ; mais en même temps, mettre dans les coins de leur film, des petits alibis, des petites astuces, privées la plupart du temps, qui ne le rendront pas meilleur, qui n'en feront pas un film d'auteur, et qui en même temps risquent d'empêcher qu'il soit une bonne affaire. Par exemple, si Delannoy avait tourné *Arsène Lupin*, je pense qu'il aurait respecté davantage Maurice Leblanc, parce qu'il n'aurait pas eu de complexes vis-à-vis de ce qu'il peut y avoir de populaire dans cette littérature. Il n'y aurait pas eu de méprise, ni de confusion. Ce qui est grave, c'est la confusion. L'idéal pour le cinéma français, ce serait qu'il y ait, d'une part, des super-productions faites par des metteurs en scène comme Delannoy ou Le Chanois (des gens qui sont aptes à faire cela et qui le font bien, de telle sorte qu'un film de 500 millions en rapporte 800 ou même plus, ce qui est, après tout, ce que tout le monde désire) et que, d'autre part, les metteurs en scène de talent refusent de s'engager dans ces combinaisons qui, en aucune façon, ne peuvent leur être profitables, et possèdent, la sorte d'intégrité morale de s'en tenir aux films (mettons de 100 millions) qui n'ont pas besoin des marchés étrangers pour être amortis, et où ils pourraient faire véritablement œuvre d'auteurs. Il faudrait que coexistent les deux domaines et que ces deux domaines soient très nettement tranchés. C'est justement le cas du cinéma italien, qui a également ses crises, mais demeure en meilleure santé dans la mesure où il ne se produit jamais de confusion entre *Ulysse*, ou toutes les autres super-productions, et l'école Rossellini, Zavattini, De Sica, Antonioni, qui, bien qu'ils s'opposent sur beaucoup de points, n'ont, eux, jamais transigé. Jamais : la seule exception, c'est Visconti faisant *Senso*, mais il est bien évident que c'est une exception purement formelle, puisque Visconti a simplement roulé le producteur, comme Ophuls avec *Lola Montès*, et dans une certaine mesure, Renoir avec *Eléna*. Mais le noyau du cinéma italien ne s'est jamais laissé entamer : tandis qu'en France, ce à quoi nous avons assisté au cours de ces deux ou trois dernières années, c'est à l'émiettement de ce que nous avions pris pour le noyau du cinéma français. Successivement, des gens comme Becker, comme Clément, comme Clouzot, se sont laissé avaler par cette masse des super-productions, je ne sais pourquoi : pour l'amour de l'argent, ou pour celui de la renommée internationale. Et maintenant, il n'y a pour ainsi dire plus personne. Il reste encore un cinéaste intègre, c'est Bresson. C'est le seul. Et puis, il y a quelques jeunes, mais qui n'ont justement pas encore eu le temps d'être tentés par le démon. Et peut-être céderont-ils à leur tour ? On n'en sait rien.

BAZIN : *Notre-Dame de Paris* est un succès commercial, mais personne ne pouvait le prévoir. Il est même stupéfiant, parce que *Notre-Dame de Paris* est le film le plus ennuyeux de l'année. C'est un phénomène qui est lié au mythe de Victor Hugo, etc. et qui nous échappe complètement. Car au fond, *Notre-Dame de Paris* est un film de même catégorie que

Marie-Antoinette, qui lui, est un échec. *Marie-Antoinette* a fait perdre l'argent qu'a fait gagner *Notre-Dame de Paris*.

LEENHARDT : Ce n'est malheureusement pas tout à fait le cas. Quand on veut entrer dans la mécanique de la production, il faut, encore une fois, être précis. Il y a deux sortes de films : les films où il y a un risque, les films où il n'y en a pas ; les films de 100 millions, et qui permettent un effort particulier, sont des films où il y a un risque, risque d'en perdre 50. Quand on fait un film comme *Marie-Antoinette* ou comme *Notre-Dame de Paris* on ne prend pas de risques ; il y a l'incertitude du succès. Mais l'incertitude est entre bénéfices et affaire blanche. Un film de ce genre est fait grâce à l'avance de garanties de distribution et de ventes à l'étranger qui le couvrent à peu près. Si le film marche, ce qui arrive une fois sur deux, et même deux fois sur trois, il y a bénéfice. S'il ne marche pas, il y a affaire blanche. Au contraire, le film qui n'a pas ces garanties de valeur moyenne est un film sur lequel il y a risque de pertes à plein. Là est le problème, là est la difficulté. Mais je crois que nous partons sur un terrain faux, en faisant une sorte de critique sociologique et éthique des quatre ou cinq grands metteurs en scène français. Ce n'est pas de là que vient la crise du cinéma. Il y a un problème au moins que nous n'avons pas abordé, et c'est curieux : celui de l'interprétation. On s'étonne beaucoup de l'importance que, dans un film, on attache aux vedettes. Après la guerre, on a parlé de films sans vedettes. Il reste néanmoins que la valeur d'un cinéma, c'est la valeur de ses vedettes, et nous n'avons pas dit un mot à ce sujet. J'en viens au fait, parce qu'il y a actuellement en France une richesse nouvelle et prodigieuse dans l'interprétation comique. L'arrivée, du cabaret, d'un certain nombre de gens dont Darry Cowl est le plus représentatif, est un phénomène de très grande importance. Et le cinéma français est un peu ce que sont à l'étranger Gabin, Morgan, Fresnay et Brigitte

Bardot. Le cinéma italien a été, à la fois, Zavattini ou Rossellini, et la sortie possible d'une nouvelle forme de l'espèce féminine, la fille italienne. Cela me semble un des problèmes numéro un. Vous parliez tout à l'heure du cinéma anglais, aujourd'hui mort : je me rappelle qu'à sa belle époque, il y a dix ans, son représentant venu à Paris me disait au sujet de la petite Simmons : « *Vous ne pouvez pas, M. Leenhardt, vous payer en France ce que nous nous payons parce que votre marché est un pauvre marché d'une centaine de millions de spectateurs, alors que le nôtre en a 600 millions, que nous faisons des efforts pour recruter nos acteurs, et que, si j'étais directeur du cinéma français, je décréterais premièrement :* « Tout acteur – je m'en excuse dans le pays de Racine et de Molière – tout acteur français pour avoir sa carte professionnelle, doit parler anglais couramment ». *Si vous aviez une vedette qui parle anglais couramment, ce serait une vedette internationale. Vous conquerriez le monde – et vous ne le conquerrez jamais.* »

BAZIN : Je fais remarquer qu'il y a une contre-vérité dans ce que dit Leenhardt, en ce qui concerne le cinéma italien : il est bien vrai que l'expansion du cinéma italien, la conquête du monde par le cinéma italien, s'est fondée sur les vedettes féminines, mais cela a été sa mort. C'est précisément sur l'absence de l'interprétation, sur le reniement de l'interprétation, après la guerre, que le néo-réalisme s'est fondé. Il y a eu ensuite, en effet, l'apparition d'une nouvelle forme de l'espèce féminine, mais on sait où cela nous a menés et je ne crois pas qu'il faille le prendre comme exemple.

RIVETTE : Et pourquoi cette volonté de conquérir le monde ? Voilà justement la cause de la catastrophe. Il faudrait au contraire essayer avant tout de conserver le public français, et conquérir le monde uniquement par ricochet. Mais, à partir du moment où l'on essayera de fabriquer des vedettes internationales, à partir du moment où l'on voudra faire des films internationaux, on se cassera la figure neuf fois sur dix.

BAZIN : Je crois que les deux choses sont vraies, c'est-à-dire qu'il y a un certain type de films, d'une certaine valeur cinématographique, qui est fondé sur la vedette. Il est bien évident que le cinéma français d'avant-guerre était fondé sur Gabin. Il y a une liaison essentielle, profonde entre les scénarios, le style des films, et l'existence de Gabin. C'est indéniable ; mais d'un autre côté, on peut citer dix exemples où la vedette est une catastrophe : c'est dans un système qu'il faut la juger. Je crois que nous sommes tous d'accord pour penser que ce n'est pas du côté de la super-production internationale, où la vedette joue un rôle essentiel, que le cinéma français a des chances de progresser : c'est en retrouvant une prise directe sur l'inspiration des gens de talent et ceci ne doit pas se faire indépendamment de l'interprétation, mais à un niveau de l'interprétation qui dépasse celui de la vedette.

RIVETTE : En effet, Gabin n'était pas un acteur : c'était quelque chose d'autre. Ce n'était pas un interprète, mais quelqu'un qui apportait dans le cinéma français un personnage, et qui a influencé non seulement les scénarios, mais même la mise en scène. Je pense qu'on pourrait considérer Gabin comme un metteur en scène presque davantage que Duvivier ou Grémillon, dans la mesure où le style de mise en scène des réalisateurs français s'est construit en grande partie sur la manière de jouer de Gabin, sur sa démarche, sur sa façon de parler ou de regarder une fille. C'est ce qui fait également la force des plus grands acteurs américains, comme Cary Grant, Gary Cooper ou James Stewart. Par exemple, il y a une influence certaine du style de jeu de James Stewart sur la mise en scène d'Anthony Mann. Or, je ne vois actuellement aucun acteur en France qui possède ce pouvoir propre qui dépasse le niveau de l'interprétation. […]

Un esprit de pauvreté

DONIOL-VALCROZE : Résumons-nous. Nous avons dégagé deux faits positifs : d'une part, un certain espoir du cinéma français du côté comique, de l'autre, comme dit Bazin, une certaine exploitation du romanesque à l'écran. Pour ma part, je crois que le cinéma français a raté une autre chance. Pourquoi le romanesque a-t-il échoué ? Parce qu'à part quelques cas individuels comme Bresson, il ne trouve pas dans les films un *contexte* sociologique ou social suffisant pour le supporter. La force du cinéma américain, c'est d'avoir ce contexte. C'est aussi la force du cinéma italien. Quand Antonioni fait ce remarquable film qu'est *Les Amies*, d'après Pavese, il sait garder ce contexte qui est dans Pavese. Je crois que le cinéma français a passé à côté pour plusieurs raisons : manque de courage de la part des auteurs, mais aussi interdits économiques. Je vais prononcer un mot qui est très général : celui de la censure. Je ne parle pas seulement de la commission de censure mais surtout de la pré-censure, de la censure de l'industrie, ou de la censure personnelle.

RIVETTE : Effectivement, la seule chance du cinéma français, je crois qu'il ne faut pas la chercher du côté du cinéma comique, qui ne restera jamais qu'un domaine limité ; ni de celui du cinéma romanesque, qui a été un espoir il y a sept ou huit ans, mais qui est maintenant périmé. Cette dernière chance, ce serait un cinéma sinon social (je n'aime pas trop ce mot), tout au moins un cinéma « situé », qui serait l'équivalent du cinéma italien d'après guerre. Mais pourquoi a-t-on jusqu'à maintenant méconnu cette chance ? Je crois qu'il est trop facile d'en rejeter la responsabilité sur la censure et les producteurs. C'est uniquement parce que les quelques metteurs en scène français qui ont dit devant les journalistes « *Je voudrais faire des films sociaux* », sont en fait des gens pourris. Je pense qu'Autant-Lara, aussi bien que Clément, aussi bien que Clouzot, sont pourris, dans la mesure où, ces films, ils pourraient les faire s'ils acceptaient de travailler dans les conditions où ont travaillé Rossellini, Fellini ou Antonioni, c'est-à-dire pour trente ou quarante millions, en tournant peut-être à la sauvette ou dans la rue. Seulement ils ne veulent pas ; ils veulent, d'une part, continuer à gagner de l'argent, d'autre part, continuer à faire des films de prestige. Il est bien évident que Clouzot, qui prétend faire, à la fois, un film sur l'Indochine et un film de 300 millions, dans la même opération, ne fera jamais ni l'un ni l'autre, et d'ailleurs n'a sans doute jamais eu envie réellement de le faire. Il a simplement paradé devant les journalistes et s'est acquis à bon compte une réputation de cinéaste courageux. Et ensuite il tourne *Les Diaboliques*. Mais, si Clouzot avait vraiment eu envie de faire ce film, il aurait sans doute trouvé 30 millions. Il n'avait pas à s'occuper de la pré-censure ; et sans doute son film serait-il passé. Car, après tout, les cinéastes italiens ont également une censure, ont également des producteurs, des distributeurs. Ils ont cependant trouvé le moyen de dire pas mal de choses. Nous n'avons pas vu en France les films de Lizzani. Mais je suppose que Lizzani n'a pas dit carrément : « *Je suis communiste, et je souhaite l'avènement de la révolution.* » Il l'a sous-entendu, mais de façon suffisamment nette pour pouvoir dire ce qu'il avait envie de dire. Tandis que Clouzot, Clément, Autant-Lara (on en revient toujours à ces trois noms, parce que je pense que ce sont les trois grands coupables) n'ont pas voulu prendre ce risque. Parce que ce sont des gens qui ont peur, parce que, je le répète, ils sont pourris, et pourris par l'argent. En un mot, je crois que ce qui manque le plus au cinéma français, c'est *l'esprit de pauvreté*. Et il n'y a de chance maintenant pour ce cinéma français que dans la mesure où d'autres metteurs en scène, et non plus ceux-là (car s'ils avaient un moment la chance de dire quelque chose, ils l'ont laissée passer), de nouveaux metteurs en scène, donc, prendront ces risques de faire des films pour 20 ou 30 millions, et peut-être encore moins, en tournant avec des moyens de fortune, sans présenter leurs scénarios à la pré-censure, sans peut-être même les présenter aux producteurs et aux distributeurs. Et c'est là, je crois, la seule chance du cinéma français.

LEENHARDT : Ce qui était le vrai caractère du cinéma français d'avant-guerre (et qui, à tort ou à raison, a été un cinéma important), c'est que son non-conformisme fondamental était positif quant à l'homme, sur le plan social, révolutionnaire. Or aujourd'hui, la suite de ce cinéma-là, cette dégradation dont vous parlez, n'en garde que le caractère négatif. Le film noir a perdu chez Clouzot, par exemple, cette positivité, cette transcendance de la poésie, ce sens révolutionnaire. Et *La Traversée de Paris* est presque une œuvre de droite. Au contraire, les cinémas italiens et américains sont des cinémas positifs, tonifiants. Nous sommes enfermés en France dans des pures valeurs de réaction qui font qu'un film d'art est un film de destin, qui va mal et de la façon la plus grossière. Le grand succès est pour Jeanson d'imposer une mauvaise fin, alors qu'une fin ambiguë ou une fin heureuse étaient bonnes esthétiquement. Là, il y a une censure inverse qui fait qu'on n'ose pas entreprendre d'œuvre positive. Seuls, peut-être, les films de Bresson sont des films positifs.

KAST : Ce serait très bien s'il y avait un excès de films « négatifs ». Quel est celui qu'on peut donner en exemple ?

RIVETTE : *Gervaise* est un film négatif !

LEENHARDT : *Gervaise*, par rapport à ce qu'est Zola, c'est évident !

RIVETTE : Même, dans une certaine mesure, *La Traversée de Paris* est un film négatif.

KAST : Qu'est-ce qu'un film positif, qu'est-ce qu'un film négatif ? Il faudrait là engager toute une discussion dont on ne sortirait pas.

RIVETTE : Un film négatif est un film lâche. Et je pense que le grand problème du cinéma français actuel est celui de la lâcheté. [...]

Un cinéma social

ROHMER : Le cinéma français ne peint pas la société française, alors que le cinéma américain sait la faire accéder à une dignité esthétique, ainsi que le cinéma italien. Peut-être pourrait-on, pour conclure, chercher, sinon pourquoi, du moins en quoi le cinéma français ne représente pas la France contemporaine.

DONIOL-VALCROZE : Je trouve intéressant de constater que, dans deux films qui ont déjà été cités plusieurs fois ici, *Les Mauvaises rencontres* et *Et Dieu créa la femme*, deux jeunes cinéastes de talent ont justement fait l'inverse de ce qu'auraient fait d'autres cinéastes consacrés. Partant d'un roman très discutable, *Une sacrée Salade*, Astruc a exhaussé son sujet, en en faisant une espèce de réflexion personnelle sur sa jeunesse, sur un milieu qu'il avait connu, sur l'arrivisme, etc. Vadim, lui aussi, a fait un essai très valable sur ses conceptions de l'amour et des rapports avec les femmes. Je constate avec plaisir que deux jeunes cinéastes dont le talent me paraît évident, manifestent leur tendance à plonger leurs œuvres actuelles, ou leurs œuvres futures, dans un contexte historique ou social déterminé. Je crois que dans toutes les grandes œuvres littéraires ou cinématographiques on constate cela. Stendhal parle de son époque, Flaubert, Balzac de la leur. Je ne prétends pas que n'apparaîtra pas demain un jeune cinéaste qui dirait ce qu'il aurait à dire en évoquant la Rome antique, mais ce serait une exception. La plus grande chance des jeunes cinéastes de faire des œuvres valables, est bien de procéder de la façon d'Astruc ou de Vadim.

RIVETTE : Tandis que la grande faiblesse de *La Traversée de Paris* c'est de porter un témoignage, qui est effectivement assez juste, sur une certaine société, mais ce n'est pas celle de maintenant. Et ce n'est pas non plus celle de 1943, dans laquelle est située la nouvelle de Marcel Aymé. J'ai l'impression que c'est plutôt celle de 1930. Ce rapport, très montmartrois, de l'artiste et du bourgeois, est un thème de 1930, qui est artificiellement situé en 43, et qui est filmé en 56.

DONIOL-VALCROZE : Oui, mais il est de l'âge de son metteur en scène. *Marguerite de la Nuit* et *La Traversée de Paris* sont des films qu'Autant-Lara avait depuis longtemps envie de faire, mais qu'il n'a pu réaliser que récemment.

BAZIN : Il n'est pas fatal qu'il y ait, entre une société donnée et le cinéma, un rapport de prise directe comme c'est le cas en Amérique et en Italie. Je ne crois pas non plus qu'il y ait de rapport direct entre le roman français et la société française. C'est un fait qui dépasse le fait cinématographique. C'est peut-être parce qu'à ce stade de l'évolution de la société et de l'art français cette connexion ne se fait pas. Faut-il chercher à tout prix des sujets ayant une prise sur l'actualité ? C'est ce qu'ont fait Le Chanois, Cayatte. On voit ce que cela donne. Ce n'est pas exemplaire.

DONIOL-VALCROZE : Je ne dis pas que ce soit la règle d'or. Mais il se trouve que dans le cas de deux œuvres qui nous plaisent, cette connexion a eu lieu.

KAST : Vous allez m'excuser. J'apprécie beaucoup le film d'Astruc. Mais dire que ces deux films ont un rapport quelconque avec l'actualité, est une des charmantes plaisanteries dont les *Cahiers du Cinéma*, dans leur formule actuelle, sont coutumiers. C'est un de ces paradoxes amusants en société, qui est chargé de faire rire, mais qui ne correspond à aucune réalité. Vous ne voulez pas nous faire croire qu'il y a le moindre rapport, en dehors du rapport superficiel du monde des magazines, entre le monde de ces deux films et le monde réel ? Si j'apprécie le film d'Astruc, c'est pour d'autres raisons.

DONIOL-VALCROZE : Je crois qu'il y a un malentendu. Je ne veux pas dire que le film d'Astruc ni celui de Vadim traduisent réellement l'état d'une société donnée, en telle année et en tel endroit. Je dis que leurs auteurs ont puisé leur cadre et leur inspiration dans une expérience vécue. Qu'ils la trahissent, qu'ils en donnent une image qui n'est pas celle que nous croyons, c'est autre chose. Mais il y a une espèce de sincérité d'inspiration, beaucoup plus authentique que celle de certains metteurs en scène dits sociaux quand ils disent : « *On va faire la crise du logement, ou les problèmes de l'avortement.* »

KAST : Je suis d'accord avec Doniol sur certains points. Pour moi, tout film qui se prétend social commence déjà à cesser de l'être. Il y a un tas de films de l'école dite réaliste-socialistique-optimistique française qui me sortent par le nez et qui, à mon avis, concernent la face de la lune qu'on ne voit jamais. Et tirés d'autres magazines que ceux de Vadim. Mais ce pourquoi je préfère, bien que je ne l'aime pas, le film de Vadim à ceux-là, c'est qu'on y parle un langage que j'entends tous les jours dans la rue. Mais cela dit, ce n'est pas du tout parce que Vadim a su utiliser un certain nombre de tics de vocabulaire qui sont ceux du monde des bistrots, que son film est en prise directe sur l'actualité.

ROHMER : Il y a un autre fait. C'est que le visage de la France a fort peu changé depuis vingt ans, alors que l'Amérique, et même l'Italie, ont beaucoup plus évolué. Il ne s'est rien passé de nouveau dans les mœurs depuis, mettons, 1930, sinon ce qui nous vient d'Amérique.

(Cahiers du cinéma n° 71, mai 1957)

C'est la révolution !

Marienbad année zéro

par André S. Labarthe

Plutôt que de surenchérir, comme on ne manquera pas de faire, sur le caractère d'exception de *Marienbad*, je ferai ici état de la démarche inverse. Le dernier film d'Alain Resnais est une œuvre datée. Il a été réalisé dans certaines conditions. Il s'appuie inévitablement sur un acquis. Il s'inscrit nécessairement au terme d'une évolution ou d'une certaine idée de l'évolution du cinéma. C'est pourquoi je dirai pour commencer que *Marienbad* est le dernier en date des grands films néoréalistes.

Souvenez-vous de l'analyse que faisait Bazin de l'art du récit dans le cinéma néoréaliste et plus particulièrement dans *Païsa*. C'était il y a quinze ans ; le néoréalisme était alors l'avenir du cinéma. Il apportait à l'art du film sa première révolution importante sans laquelle les œuvres que nous aimons aujourd'hui ne seraient pas tout à fait ce qu'elles sont.

Essentiellement, le néoréalisme substituait au scénario classique, fondé sur l'agencement dramatique des scènes, un scénario *ouvert*, plus proche par conséquent de l'expérience que nous avons du réel. Le film néoréaliste se présente comme une suite de fragments sans lien logique apparent et séparés les uns des autres par des *manques*, fragments et manques constituant les pleins et déliés d'une trame sans rapport avec le tissu serré dont le cinéma avait jusqu'ici tiré le maximum de ses effets.

Conséquence remarquable : cette conception nouvelle du cinéma impliquait une façon nouvelle de regarder les films. Au spectateur passif succède le spectateur actif qui convertit la trame discontinue du récit en une continuité cohérente. Exactement comme il procède dans la vie courante. Le film, désormais, ne *fonctionne* plus sans lui.

Cette révolution du récit – Bazin le montrait aussi – rejoignait celle de *Kane* et des *Ambersons*, bien que par des voies différentes. *Kane*, comme *Païsa*, tournaient également le dos à une conception finaliste du scénario et de la mise en scène. Au spectateur ils proposaient non plus une matière prédigérée, prête à être absorbée, mais au contraire une matière brute (même si, en fait, elle était extrêmement travaillée) d'où il pouvait extraire *son film*. En un mot, le sens du film n'était plus imposé au spectateur, mais devait être construit par lui *à partir* des éléments du film. Comme dans la vie courante, encore, le sens des événements n'est jamais qu'une hypothèse et si l'image est un langage, c'est un langage sans signification.

On voit tout de suite comment les films de Resnais et, au premier chef, *Marienbad*, s'inscrivent naturellement dans le sillage de l'expérience néoréaliste. Mêmes lacunes dans le scénario, même ambiguïté de l'événement, même effort exigé du spectateur. On objectera, avec quelque apparence de raison, qu'entre les lacunes de *Païsa*, du moins sommes-nous en mesure d'en identifier les scènes. Mais en est-on si sûr ? Ne serions-nous pas plutôt notre propre dupe ? N'est-ce pas plutôt qu'au spectacle de *Païsa* nous faisons *déjà* nôtres ces fragments de réel ? Si « représenter » c'est arra-

76

cher le réel à son passé et à son avenir pour le rendre à l'événement pur, même un plan d'actualité est un plan équivoque. La preuve en est la diversité des significations qui s'attachent instantanément à un événement, qu'il nous soit relaté dans les colonnes d'un journal du soir ou montré dans les bandes d'*Actualités*. Tant il est vrai que nous sommes incapables de regarder (je ne dis même pas de comprendre) un événement sans en faire immédiatement notre chose, sans l'interpréter, sans que notre regard ne s'ajoute à lui pour former un amalgame, un *mixte* dont la nature appartient autant au document qu'à la fiction dont nous l'enveloppons. Tout cela revenant à dire qu'on ne lit pas le réel, comme on lirait un roman, mais qu'on lit *en lui*.

Le cinéma traditionnel avait réussi à dissiper toute possibilité d'équivoque en accompagnant chaque scène, chaque plan, de ce que le spectateur *devait* en penser : de sa signification. A la limite, ce cinéma-là n'avait pas besoin de spectateur puisque celui-ci était déjà inclus dans le film. La nouveauté des films de Welles et des grandes œuvres néoréalistes fut de requérir de façon expresse la participation du spectateur. C'est en ce sens qu'il faut parler de phénoménologie : le regard du spectateur fait autant le film que la volonté de ses auteurs.

Par rapport à Welles ou Rossellini, l'originalité du film de Resnais et Robbe-Grillet est d'avoir systématisé cette découverte. Dans *Kane* ou dans *Païsa*, les lacunes du récit étaient, en quelque façon, tolérées. Elles étaient nécessaires parce qu'inévitables. De ces lacunes, Resnais et Robbe-Grillet ont fait l'objet même de *Marienbad*. si bien que le film apparaît comme la surface d'émergence d'images énigmatiques à propos desquelles la seule chose que nous puissions affirmer est qu'elles appartiennent au même film. *Marienbad* est en ce sens un documentaire, mais d'un genre très particulier : le spectateur ignore *de quoi* il est le documentaire. En somme, Resnais et Robbe-Grillet ont réuni un certain nombre de documents, d'images-témoins, et laissent au spectateur le soin de les convertir en une fiction qui leur donnera un sens. Le premier homme découvrant le monde dut éprouver la même difficulté à le comprendre, c'est-à-dire à l'ordonner. Devant *Marienbad* nous serions tentés de nous écrier avec Valéry : « *On dirait que le monde est à peine plus vieux que l'art de faire le monde.* »

Il est curieux que personne n'ait noté qu'aucun des artisans du néoréalisme – ni Visconti, ni Rossellini, ni De Sica, ni même Fellini – n'a eu recours au retour en arrière. Welles lui-même l'abandonne après son premier film. Tout se passe comme si tout l'effort vers plus de réalisme, avec lequel se confond l'histoire du néoréalisme, aboutissait à l'élimination inéluctable de tout ce qui pût rompre la chronologie des faits ; puisqu'en fin de compte, c'est l'Histoire qui justifiait le cinéma, il fallait s'en tenir à la chronologie de l'Histoire. Et il est certain que dans cette optique le flashback apparaît comme l'ultime tricherie, un procédé inadmissible. Si l'on admet que la dernière conséquence de l'esthétique néoréaliste eût été ce film, dont rêvait Zavattini, qui se fût fait la relation précise et exhaustive de 90 minutes de la vie d'un homme, n'en doutons plus : le flash-back est une imposture.

En fait, les choses ne sont pas aussi simples. Nous avons vu comment, dans le cinéma traditionnel, tout *manque*, toute lacune dans le récit, était considéré comme une faute, tout l'effort des auteurs, scénariste aussi bien que metteur en scène, consistant à éliminer ces manques et à poser le film comme un bloc sans faille. Le flash-back répondait alors au même souci ; il n'était pas destiné à autre chose qu'à combler les dernières lacunes, qu'à cimenter l'histoire dans ses antécédents.

Mais *Kane*, dira-t-on ? Mais *Lola Montès* ? Mais *Hiroshima* ?

C'est précisément le génie de Welles, Ophuls et Resnais, que d'avoir utilisé un procédé classique à des fins absolument contraires à celles que ce procédé servait jusqu'ici. Dans *Kane*, dans *Lola Montès*, dans *Hiroshima*, la fonction du flash-back n'est plus d'effacer la discontinuité du récit, je dirais même : au contraire. Bien entendu, l'ancienne fonction persiste sous la nouvelle : le flash-back sert encore l'histoire. Il reste encore le signe d'une volonté de signification puisqu'il se rattache à une chronologie. Dans *Marienbad* ce signe disparaît à son tour. Dès lors, la chronologie d'une histoire n'apparaît plus que comme le dernier préjugé « essentialiste » : dire que le mot fin vient après trois ou quatre cents plans, c'est donner un sens au film qui coulerait, comme un fleuve vers la mer, depuis quelque chose qui serait le commencement vers quelque chose qui serait la fin. Dans *Marienbad*, rien n'*aboutit* à rien. Le mot *fin* lui-même ne vient pas mettre un terme sur l'écran à une aventure qui aurait suivi le cours du temps. Bref, comme le sens, le temps (la chronologie) n'existe pas en dehors du regard qui se pose sur les choses et c'est pourquoi *Marienbad* a doublement besoin du spectateur pour se constituer en histoire. Si ce film existe, c'est à la façon d'un objet : comme les taches de Rorschach.

En résumé, toute scène, dans *Marienbad*, à quelque niveau de réalité que la situe la conscience du spectateur, participe du même réalisme qui est le réalisme du support. Pour reprendre le parallèle avec le mode de récit traditionnel, je dirai qu'habituellement le spectateur est tenu d'*accommoder* sur les différents plans du film (exactement comme le regard accommode lorsqu'il passe d'un objet à un autre situé plus loin dans le champ de perception) tandis que *Marienbad* se présente à lui comme un objet à deux dimensions dont toutes les parties se situent sur le même plan de réalisme. Entre un plan du passé et un plan du présent, aucune différence *objective* : c'est le spectateur qui structure le film, qui établit des différences de réalité, qui constitue l'objet (le film) en perspective (disons en trois, quatre ou cinq dimensions).

En somme, Resnais et Robbe-Grillet font au cinéma ce que font depuis longtemps certains peintres abstraits : ils proposent non pas une histoire, mais une suite d'images appartenant au même plan de réalisme qui est le film, et c'est le spectateur qui introduit une profondeur. Car le véritable successeur du peintre figuratif n'est pas le peintre abstrait, mais celui qui regarde une peinture abstraite. Il y a donc moins de rapport entre Delacroix et Nicolas de Staël qu'entre Delacroix et le spectateur d'une toile de Staël. C'est que la peinture a changé de *fonction*. Le travail du peintre ne consiste plus à peindre un sujet, mais à faire une toile. Il en est de même au cinéma. Le travail du réalisateur n'est plus de raconter une histoire, mais simplement de faire un film où le spectateur découvrira une histoire. Le véritable successeur du metteur en scène traditionnel n'est pas Resnais, ni Robbe-Grillet, mais le spectateur de *Marienbad*.

ANDRÉ S. LABARTHE.

(*Cahiers du cinéma* n° 123, Septembre 1961)

Révolution dans/par le cinéma

par la Rédaction

A l'unisson de tout ce qui changea alors, ce que les Etats généraux ont décisivement changé en mai-juin 1968 pour le cinéma, c'est d'une part le rôle de ce cinéma dans la Société, d'autre part le rôle et la responsabilité de ceux qui conçoivent et fabriquent les films dans cette société seconde qu'est le cinéma français. Une double question a été posée avec force, la lutte sur deux fronts que certains, rares, jusque-là menaient en francs-tireurs, est devenue lutte de la majorité, les problèmes de la fonction du cinéma, de sa consommation, de ce qui l'aliène comme de ce qu'il aliène, de ce qui le libérerait comme de ce qu'il pourrait libérer n'agitent plus seulement la conscience de quelques cinéastes, sociologues et critiques, ils sont dans leur urgence ressentis par tous ceux qui ne veulent plus que le cinéma et eux-mêmes dans le cinéma soient complices ni de la puissance de l'argent ni de l'intérêt qu'elle a à « divertir » ceux qu'elle exploite. Si faire la révolution dans le cinéma implique forcément la faire avant ou en même temps partout ailleurs, si donc les projets et plans de Suresnes n'avaient que peu de chances de changer le cinéma dans une Société inchangée, il reste que commencer par lui peut conduire à changer beaucoup plus. En même temps que naissaient projets et nouvelles structures, des équipes, hors justement de toute structure existante, tournaient des films sur les grévistes et les étudiants, qui n'auront pas seulement valeur de « documents », mais qui peuvent contribuer aux prises de conscience, qui sont et seront un ferment d'agitation, pas seulement « culturelle », supplémentaire. Dans le même temps, se constituaient, en dehors encore du système actuel, de nouveaux circuits de diffusion des films, drainant non seulement un nouveau public, mais le mobilisant pour une autre réception du cinéma que l'habituelle. Ainsi, aux Etats généraux, un peu de pratique compensa la pléthore des théories : par-là, le cinéma français commençait à s'aguerrir.

(*Cahiers du cinéma* n° 203, août 1968)

Travail, famille et P.M.E.

(Vincent, François, Paul et les autres
de Claude Sautet)

par Jean-Pierre Oudart

Après le discours électoral « vieille droite » de Royer aux
P.M.E., celui, populiste, véhiculé par un film comme *Vincent,
François, Paul et les autres*, témoigne d'une nouvelle étape
de la réaction idéologique de la petite bourgeoisie (couches
dominées de la classe dominante) au développement accé-
léré de la crise économique qui l'atteint. Nous sommes à la
fin de l'année 74, les luttes de classes se durcissent, et cette
réaction est portée, soutenue maintenant aussi par l'offensive nouvelle du révisionnisme, qui propose ouvertement
une certaine politique d'alliance de classes en vue des élec-
tions de 1976.

Soit : comment un cinéaste petit-bourgeois, humaniste et
poujadiste peut tendre la main aux révisionnistes, en
composant, avec efficacité, un poster préélectoral sur le
thème *collaboration de classe* + *amour général*. Il est difficile,
quand on envisage sur quel fond de répression, et sur quel
fumier idéologique s'édifie cet amour général, de voir
le film comme un tableau de genre sur le charme discret
des classes moyennes menacées par la pression des mono-

poles – plutôt, le négatif sinistre du programme commun d'union de la gauche.

Le film met en scène un petit groupe (un ensemble imbriqué de petits groupes : P.M.E., familles, amis) en crise : crise économique, sexuelle, crise de génération – tout fout le camp, capitaux, femmes, jeunesse. Ce petit groupe est socialement très hétérogène : ouvrier, profession libérale, intello, vendeuse, petit patron. Il vit, parle sa crise en termes affectifs (valorisation des facteurs et des répercussions intimes : les rapports d'un groupe d'hommes de 50 ans aux femmes, et aux jeunes), et les rapports de force politiques et économiques qui constituent les facteurs principaux de cette crise en termes de ségrégation défensive : nous/les autres.

Nous : ce « nous », cette communauté idéologique, reflète la situation d'une couche dominée de la classe dominante en position politique principalement défensive par rapport à la concentration du grand capital (contre laquelle elle n'a pas les moyens de mener une offensive politique directe), et secondairement offensive par rapport à la montée des luttes qui vont historiquement dans le sens du développement politique et idéologique de la contradiction prolétarienne (luttes ouvrières, et aussi luttes sur les fronts secondaires, luttes des femmes et des jeunes). Ces luttes ne l'atteignent pas encore de front, puisque la bourgeoisie au pouvoir s'emploie à les réprimer activement, et que le révisionnisme a encore les moyens d'y faire écran, idéologiquement et politiquement. Si donc, pour les classes moyennes susceptibles d'être gagnées à une perspective d'alliance de classes contre le grand capital, le révisionnisme fait écran à la montée des luttes prolétariennes et à la virulence des luttes sur les fronts secondaires, *le film de Sautet reflète, d'un point de vue petit-bourgeois, la formation de compromis (l'écran idéologique) que le révisionnisme utilise dans sa stratégie d'alliance de classe.* Il ne s'agit pas d'un simple masque de circonstance, pour autant qu'il constitue aussi un facteur de répression direct des luttes prolétariennes que le révisionnisme reprend à la bourgeoisie – facteur de répression qui n'est pas seulement l'instrument d'intimidation des masses par les appareils révisionnistes, mais qui tient aussi à l'organisation concrète et aux valeurs d'un mode de vie petit-bourgeois qu'une partie du prolétariat, coupé de sa base de classe par l'organisation du mode de production capitaliste, tend aussi à adopter et à intérioriser.

C'est le terrain qu'exploite le film de Sautet. Le résultat est un tableau de mœurs petites-bourgeoises, condensé humaniste-poujadiste-réviso, dont la crédibilité, favorisée par la conjoncture politique présente (le film aurait été moins bien reçu dans le temps du discours de Royer), tient *à l'élimination de tous les éléments qui risqueraient, en marquant politiquement l'hétérogénéité du collectif mis en scène, de faire saillir des facteurs de contradiction chez les spectateurs.*

Cette élimination stratégique est commandée par la problématique générale du film, par ces deux lignes :

1. Comment faire en sorte que des spectateurs, petits-bourgeois, puissent dire à la sortie du film : « Comme c'est bien que des gens si différents s'entendent ainsi » (au-dessus des luttes de classes) ?

2. Comment affirmer les vertus concrètes de la collaboration de classe, comment composer une allégorie du travail couronné par l'amour de la famille et du patron recevable par les révisos (à laquelle d'ailleurs la bourgeoisie n'aura rien à redire ?)

Cette stratégie générale détermine, en fonction de la conjoncture politique et économique actuelle à laquelle le film fait référence, et en fonction de la stratégie d'alliance de classe qui commande l'union de la gauche (pour laquelle Sautet milite à sa manière, à droite), les grandes lignes de

85

sortie de l'énoncé du film : ce sur quoi les spectateurs auront à prendre parti, positivement (l'alliance de classe et l'amour général, le travail couronné par l'amour de la famille et du patron).

Mais cette prise de parti implique, compte tenu des conditions historiques de l'énonciation de telles propositions, une série de prises de positions négatives contre l'avancée des luttes révolutionnaires.

La tactique de Sautet consiste à les inscrire dans le film sous la forme de processus de *ségrégation implicite* – il mise sur le fait que les spectateurs visés par le film, fondamentalement, pensent leur situation de classe en termes de ségrégation. Soit en termes de ségrégation défensive, facteur idéologique d'oubli et de repli par rapport aux forces politiques despotiques dominantes, soit en termes de ségrégation offensive par rapport aux forces politiques révolutionnaires qui menacent leur position de classe : les objets de la ségrégation seront donc le grand capital, mais aussi le prolétariat en lutte, les femmes, les jeunes. Sauf pour le grand capital, cette ségrégation ne sera jamais mise en acte, dans la fiction. Mais, couvée, elle n'en est pas moins virulente, et la seule façon d'attaquer politiquement un film comme celui-ci me paraît être de la traquer dans ses retranchements.

Ségrégation dans le collectif

Il s'agit d'abord de neutraliser, dans le procès d'exposition des situations de la fiction, tout le potentiel de contradictions politiques secondaires porté par les éléments dominés dans les appareils familiaux mis en scène : surtout, pas de révolte des femmes, ni des jeunes. Donc, les femmes passent, présences discrètes, à côté des hommes, parlent à mi-voix de leurs « petits problèmes », partent ou restent pour des raisons obscures ; quant aux jeunes, ils ne risquent pas d'intervenir dans la fiction en tant que collectif puisqu'ils ne sont qu'un : Depardieu.

Ségrégation et répression dans le collectif :
mise en scène de la loi d'amour

Il s'agit ensuite de récupérer sentimentalement les personnages les plus en crise, les plus marginaux, les plus hétérogènes socialement, les récupérer dans le grand collectif familial, sous le signe de la loi d'amour, en les affectant de tares ou de blessures particulièrement émouvantes qui neutralisent leur révolte (Reggiani), ou anesthésient les réflexes de classe du spectateur (Piccoli) :
– Reggiani, en tant qu'intello, doit être particulièrement paumé, débile, improductif (il n'en sera que plus aimé) ;
– Piccoli, en cadre trop bien arrivé, doit être particulièrement torturé, cocu, honteux (il n'en sera que mieux pardonné).
C'est ce qu'on appelle encore l'humanisme, l'humain marqué au fer de la loi d'amour, mis en position sacrificielle, sous le joug d'un collectif despotique. Le traitement des personnages de *Vincent, François, Paul et les autres* nous en donne une image ordinaire, quotidienne, lénifiante. Mais gardons cette autre pour mémoire, produite par l'Appareil Télévision, dont la brutalité doit nous rappeler que la bourgeoisie au pouvoir ne recule devant aucun sacrifice pour remettre de l'ordre dans les idéaux du collectif. *Les Dossiers de l'écran* du 5 novembre 1974, sur le crime passionnel : deux avocats, un psychiatre et un président de cour d'assises démontrant à un type coupable d'avoir assassiné sa femme et l'amant de sa femme, dans un geste incontrôlé, qu'il avait bien fait de se tirer une balle dans la bouche après, car cela avait disposé, la cour à la clémence. Gros plans sur le visage couturé, les organes vocaux brisés. Débordements

de sollicitude, chuchotements inquiets en coulisse : « Vous croyez qu'il va réussir à parler ?... »).

Ségrégation entre le collectif et les autres

Nous les Français moyens/Eux les grands capitalistes et leurs valets : ségrégation active, littérale. Mais la scène clé du film : le départ de Montand et la passation de pouvoirs dans l'usine, ne dure que le temps qu'un ouvrier âgé *lui dise* qu'après lui ce ne sera plus comme avant. Le retour au temps de l'énonciation dramatise la scène, en faisant intervenir l'histoire au présent, et escamote la position dominée de l'ouvrier, en déplaçant la perspective de sa domination (vous aviez un bon patron, mais l'autre...).
Nous les Français moyens/Eux les prolétaires en lutte : ségrégation implicite, bien sûr, résorbée par le personnage de Depardieu. Physique prolo (dénotant sa situation de classe prolétarienne)/genre casseur (connotant le loubard, ou le gauchiste – Sautet sait à qui il s'adresse), d'abord boxeur, puis ouvrier rangé, le personnage passe sans crise par un processus de prise en charge par le groupe et de conversion à ses idéaux familiaux. Au moins, lui réussira sans doute là où les autres ont échoué : fonder un vrai foyer. Assomption du rôle du Père (grâce à Montand). Parallèlement, pour la fille avec qui il vit, assomption du rôle de la Mère-Epouse : double promotion pour une vendeuse de grande surface, sortie de l'exploitation capitaliste et sexuelle mise en scène d'un point de vue phallocrate (« *Tu sais, t'es pas obligé de m'épouser* »..., toujours l'abjecte stratégie de relèvement humaniste combiné avec la perspective de promotion sociale). Pour finir, engagement de Depardieu dans une P.M.E. – avec des gars comme lui, ça va repartir !
Mais qui est avec lui, pour représenter le prolétariat ? A aucun moment Depardieu n'a de rapports positifs avec

aucun collectif ouvrier, sauf à figurer dans un décor d'usine en salopette bleue. On ne demande pas plus à un poster électoral, ou à une allégorie – ou plutôt, c'est exactement ce qu'on en attend : un peu de dénotation (comme dirait Godard, dans *Tout va bien,* on y voit des usines qui usinent, des ouvriers qui ouvrièrent, des patrons qui patronnent), pour tenir lieu d'attache, de point de ralliement à tous les discours réactionnaires qui peuvent la connoter, enregistrés et émis à l'abri de toute violence contradictoire.

Gain idéologique, pour un public petit-bourgeois et réviso : précisément cette mise à l'abri de toute violence contradictoire, et l'oubli de tous les appareils despotiques, et de toutes les répressions qui garantissent au collectif hétérogène du film le *pouvoir* de dire : Nous/Les autres, d'être politiquement crédible *et idéologiquement approuvé.*

Jean-Pierre Oudart
(*Cahiers du cinéma* n° 254-55,
décembre 1974 - janvier 1975)

Les années 70 :
le cru et le cuit

La quatrième personne du singulier

du singulier

(*Je tu il elle* de Chantal Akerman)

par Jean Narboni

Il y avait quelque chose d'intéressant dans les marges du colloque sur le cinéma qui s'est tenu à l'Unesco voilà quelques mois : l'antagonisme tantôt souterrain, tantôt manifeste, et tout cas insistant, entre les tenants du « cinéma expérimental » et les sémiologues. Les premiers lançaient aux seconds, en forme de défi : « *Ce n'est pas un hasard si vous, linguistes et sémioticiens, ne vous êtes jamais attachés à nos films. Ce n'est pas un hasard si vous préférez éprouver vos méthodes sur des films nuls, stéréotypés et archi-codés, ou sur le cinéma classique, ou sur l'avant-garde d'il y a quarante ans. D'ailleurs, tenteriez-vous d'étudier nos films, que toujours quelque chose – l'essentiel – vous en échapperait.* » Les seconds répondaient : « *Pas de hasard ni d'impuissance de notre part, simple question de priorités et d'urgence. Mais ne chantez pas victoire trop tôt, vos films, nous comptons bien, un jour ou l'autre, nous en occuper.* »

Je ne sais pas si *Je tu il elle* peut être qualifié de « film expérimental », de par un certain nombre de partis pris d'écriture (portant surtout sur la durée) et en raison de l'intérêt avoué

93

de Chantal Akerman pour un certain cinéma américain, je ne suis pas sûr au contraire que les défenseurs les plus radicaux de ce cinéma y voient autre chose qu'un film abominablement englué dans la représentation et la narration, mais je suis persuadé que ni une analyse sémiologique de son fonctionnement, ni une approche en termes énergétiques et libidinaux, quand bien même (c'est sûr) elles en accrocheraient quelque chose, ne sauraient suffire à rendre compte de sa puissance et de sa beauté (et cela vaut aussi pour quelques cinéastes dont les noms – pour une fois, je ne les répéterai pas – obsèdent chaque numéro des *Cahiers*). Il est possible en effet de s'attacher à la construction du film, d'en repérer la précise mécanique, ne serait-ce que pour récuser les sottes interprétations qui n'y ont vu, au mieux, qu'un cahier d'écolière, impulsif, généreux et assez mal foutu. On dira alors que le film se compose de trois parties de longueur sensiblement égales, bien que l'une, commençant comme une sèche chronologie (le premier jour, le deuxième jour…) finisse par se perdre dans une totale indétermination quant au temps de référence (un cycle menstruel + quelques semaines, peut-être une saison ?), et chacune des deux autres soit supposée raconter une nuit (de voyage en camion pour la seconde, d'amour pour la troisième). On y voit d'abord une fille (jouée par Chantal Akerman elle-même) accomplir muettement dans une chambre un certain nombres d'actes (se coucher et se relever, changer incessamment la disposition des meubles, s'habiller et se déshabiller, manger compulsivement du sucre en poudre à la cuiller, écrire une lettre et en étaler les feuilles sur le sol, se regarder dans une étrange porte-fenêtre-miroir qu'elle finira par ouvrir pour sortir, la laissant entrebâillée), puis faire du stop, arrêter un camion, accompagner le conducteur lors de diverses haltes nocturnes dans des cafés ou des relais routiers, l'écouter parler de sa jouissance pendant qu'elle le branle, l'écouter parler encore de lui-même et de sa vie, le regarder se raser, se séparer de lui et, dans la troisième partie enfin, se présenter la nuit chez une autre fille, faire céder ses résistances à la recevoir, demander à boire et à manger, faire l'amour avec elle en trois plans longs et violents où l'idée même de porno, mise au défi et cernée au plus près, se voit foudroyée, puis au petit matin, sortir du lit et quitter, en même temps que la chambre, le champ.

Il faut dire aussi que cette succession de plans le plus souvent longs et insistants est doublée d'une bande-son singulièrement décrochée du point de vue du vraisemblable narratif-représentatif, et non moins élaborée. Chantal Akerman ne prononce pas un seul mot pendant la première partie, mais un commentaire off dit par elle-même décrit au passé composé, quelquefois avec exactitude, d'autres fois en décalage (en avance ou en retard) avec l'image, parfois même en contradiction avec elle, ce qu'elle fait, va faire, a cru faire ou n'a pas fait, presque jamais ce qu'elle pense ou éprouve (une fois ou deux cependant). Le personnage ne parle pas non plus pendant son voyage nocturne ni aucune de ses haltes (prévalence, dans ces scènes, et de son point de vue, du regard), c'est son compagnon de voyage au contraire qui l'inonde de paroles en deux plans très longs qui se succèdent, décrivant d'abord ce qu'il éprouve pendant qu'elle le branle (voire la guidant de la voix dans ses gestes), puis se perdant en confidences sur lui-même, sa famille, son métier, ses aventures, l'argent, ses collègues. La troisième partie (encore un peu de commentaire, une phrase de l'autre fille : « *Mais tu ne peux pas rester...* », une comptine finale) est la seule où Chantal Akerman parle en direct, pour dire peu de chose d'ailleurs : « *C'est moi* », « *J'ai faim* », « *Encore* ».
A ces deux niveaux de l'image et de la bande-paroles vient

se surajouter, si elle n'en constitue pas le *fond*, une bande de bruits incessante. C'est d'ailleurs sans doute cette intelligence de la bande de bruits qui donne au film son intensité, et le rend irrécupérable aussi bien par les analyses de type behaviouriste (le film comme suite d'actes muets dénombrables, étude de comportements, compte rendu des non-travaux et des jours d'une fille), que par les idéologies du « discours féminin spécifique » (rien ou presque sur ce plan, on l'a vu, seulement trois formules abruptes et concises), mais aussi par les tenants du « corps jouissant » (corps opaque et hors-langage fermé sur sa complétude). Il s'agit, de façon beaucoup plus riche, dans *Je tu il elle*, de marquer la frontière du corps et du langage, une turbulence sonore à la limite de la formation de mots, la tangente, en quelque sorte, d'un bruit de fond (lié à la voracité orale-anale) à la parole articulée : craquements, crissements, bruits de succion, froissement de draps, ratures audibles sur le papier à lettre, cris-souffles, roucoulements, hurlements de corne de brume venus des profondeurs du corps, bruissement soyeux des peaux frottées l'une contre l'autre ou choc des membres se heurtant. Je crois en particulier que la longue séquence sexuelle, à la fois au plus près, comme je l'ai dit, du porno, et sa *ruine*, tient sa violence de la conjonction de quatre éléments :

– Son introduction par un commentaire *off* laconique : « *Elle m'a dit que je devrai partir au matin* ». L'annonce, l'avertissement même, d'une limitation dans le temps corrompt l'intemporalité et l'éternitarisme glorieux des scènes sexuelles porno, en même temps qu'il interdit, par la neutralité avec laquelle il est prononcé, toute implication aventureuse liée à l'idée de « rencontre hâtive », toute connotation pathétique attachée à l'idée de précarité et de fugacité.

– La présence dans le champ de deux femmes, dont l'une, c'est capital, est la réalisatrice du film en train de se faire (dans le cinéma porno, l'homosexualité féminine n'est jamais qu'un élément parmi d'autres de la fantasmatique sexuelle mâle).

– La longueur des trois plans et le cadre fixe, là où il est de règle de fragmenter, morceler, multiplier les angles de vue et les gros plans, sans doute aux fins de suggérer l'espoir d'une inépuisable variété dans le rapport sexuel. On ne saurait, mieux qu'ici, illustrer ce que Lacan formule du peu de choses que deux corps, à s'étreindre, arrivent à faire ensemble au bout d'un moment, sauf à se combattre et s'entre déchirer (c'est presque le cas) ou, au mieux, régresser oralement à se suçoter (c'est très exactement le cas).

– Enfin, et peut-être surtout, *le bruit*, l'insistance des *sons*, par opposition au silence ou à la musique magnifiants de rigueur en pareille circonstance (pour ne même pas parler des grotesques halètements ou rugissements de plaisir, synchrones ou surajoutés).

J'ai donc tenté, d'une certaine manière, de décrire le « système » ou la « machine » *Je tu il elle* ; noté la construction en trois parties et dessiné l'agencement de sa quasi-narration ; repéré les niveaux de l'image, de la bande-paroles et de la bande-bruits, leur entrelacement ou leur déliaison, les moments de leur conjonction et les lignes de fuite séparées, singulières ; disposé hâtivement un certain nombre de séries et de dualités dont on pourrait encore dire beaucoup : parler/se taire, manger/écrire, rester sur place, voyager, sucer/être sucée… J'ai parlé en termes de structures, de topologie, un peu d'énergétique. Et pourtant, je ne peux pas éprouver le sentiment que *ça n'est pas ça*, pareil en cela à cet habitué de films porno qui répondait un jour à une enquête sur le public de ces films que ce n'était pas mal, mais qu'il y manquait quelque chose, ou qu'il y avait quelque chose en trop, que *ça devrait être comme la vie, mais une vie autre*. Et cette question du quelque chose en trop ou en moins, du *ça n'est pas ça*, soit la question des impasses du désir et de l'impossible réel, si tous les films la subissent, si la quasi-totalité la méconnaissent ou s'efforcent à l'éluder, quelques-uns s'y affrontent lucidement. Ce sont peut-être ceux-là qui nous intéressent. Car cette question se ramène en dernière analyse à ceci : qu'une succession d'images et de sons *se présente*, s'offre, se donne à voir et à entendre, sous le nom de film, à quelqu'un, cela, littéralement, *ne va pas de soi*.

Car de quoi ne cessons-nous de parler aux *Cahiers* depuis un moment, sinon de cette pseudo-évidence du visible, de quelque rapport secret, encore à élucider, entre la scène et l'obscène ? Qu'est-ce qui se trouve cerné, dans les textes de Pascal Bonitzer sur le sujet du cinéma, l'énonciation fil-mique et l'instance d'émission du *voici*, sinon l'énigme de cette présentification des images, l'énigme du *ça montre*, de cela qui cite à comparaître des plans pour un sujet nommé spectateur ?

« *Casser une noix*, écrit froidement Kafka, *n'est pas vraiment un art, aussi personne n'osera-t-il jamais convoquer un public pour le distraire en cassant des noix. S'il le fait cependant, et que son intention se voit couronnée de succès, c'est qu'il s'agit au fond d'autre chose que d'un cassage de noix.* »

Si donc Chantal Akerman convoque un public à la voir se lever, se coucher, déplacer des meubles, écrire une lettre à on ne sait qui qu'elle n'enverra jamais, manger du sucre, branler un routier, l'écouter parler, coucher avec une autre fille etc., et que son entreprise se voit couronnée de succès au point que le spectateur, loin d'en ressentir de l'ennui ou la plus petite gratification voyeuriste, en éprouve une insis-tante tension, c'est qu'il doit s'agir dans ce film d'autre chose que de se lever, se coucher, manger du sucre etc. L'embêtant étant que Chantal Akerman y parvienne, quand tant d'autres films, « expérimentaux » ou non, fondés sur des partis pris aussi strictement tenus, aussi fermement agencés que *Je tu il elle*, aussi finement construits, et justiciables de découpages sémiologiques savants, y échouent.

Cet autre chose que de casser des noix ou de manger du sucre, c'est peut-être ce que Chantal Akerman appelle « volupté ». Peut-être y parviennent seulement ceux qui, en même temps qu'ils tendent à cet « autre chose », se tiennent pour l'excéder au plus près de la « chose » : l'obscène du visible et du m'as-tu-vu. Et il est moins indifférent que jamais, alors, que Chantal Akerman soit à la fois la réalisatrice et l'actrice de son film, et que ce film comporte une séquence crûment sexuelle (où la question se voit concentrée, redoublée, et en quelque sorte théoriquement approchée). Voilà un certain temps en effet qu'on soupçonne l'existence de quelque affinité troublante, d'un lien essentiel entre l'obsession réaliste et l'obscénité, la représentation d'objet (de n'importe quel objet) et la pornographie. Bazin, tout au long de sa vie, n'a cessé de s'approcher de ce savoir. Plus récemment, Barthélémy Amengual qui, comme Bazin, n'a jamais cessé de croire à la vocation réaliste du cinéma, écrivait, dans un article extrêmement intéressant, que le cinéma porno, dans sa médiocrité même, ne faisait que sanctionner les inévitables retrouvailles du cinéma et du réalisme, marquait le retour triomphal du référent, peu important d'ailleurs, selon lui, qu'il s'agisse d'un retour aux sources, d'une réactivation ou d'une régression. Dans son dernier livre *Oublier Foucault*, Baudrillard ne voit pas seulement dans le porno le révélateur caricatural d'une vérité essentielle au cinéma, mais la condition d'existence même de notre société, obscène de part en part dans son obsession réalistique et sa superstition du visible, du montrable et du productible (production ne devant pas s'entendre, précise-t-il, au sens de fabrication matérielle, mais plus largement comme avènement et promotion à l'ordre du visible, comme on dit produire un document, ou qu'un acteur se produit sur une scène, ce qui ne nous éloigne pas de notre sujet). Comment ne pas percevoir en effet, pour nous limiter à un certain ordre de figures, ce qui, par-delà leurs différences, fait tenir ensemble les encyclopédies médico-chirurgicales, les planches anatomiques, les affiches publicitaires d'hommes politiques, les photos de famille (« *monstrueuses sans violence* » écrit Bataille), l'art hyper-réaliste, l'art « prolétarien » et le cinéma pornographique, voire le cinéma tout court ? J'ai essayé de montrer, dans mon article sur *La Ligne Générale*, comment, perversement lucide sur ce point, Eisenstein avait fait de son cinéma une galerie de monstres, une somme *tératologique*. Mais alors, une fois fait ce constat, faut-il (comme à l'époque où nous nous lamentions sur le péché originel du cinéma inscrit dans le corps même de la machine d'enregistrement : sa dépendance au modèle perspectiviste, humaniste et bourgeois du Quattrocento) désespérer du cinéma, cesser d'en faire et d'en parler, ou bien partir de ce savoir pour tenter d'aller ailleurs ? Est-ce que cet ailleurs, ce ne sont pas quelques cinéastes, Godard, Straub, aujourd'hui Akerman, qui nous en ouvrent la voie ?

C'est sur ce point, me semble-t-il, que les simulacres de solutions positives avancés par Baudrillard achoppent ; sur ce point que, sans y paraître, il se sépare de Bataille. Car ce qu'il nous propose n'est rien d'autre qu'une sortie radicale de l'ordre de la *production* (entendu en son sens large) vers un ordre de la *séduction* (hier c'était l'échange symbolique) défini par le secret, le dérobement et le retrait du visible. Il y a encore chez lui une persistance de l'idée de *bon lieu* et de *bon objet*, hantise d'autant plus forte qu'il n'ignore pas le caractère mythique, utopique et pour le dire d'un mot, introuvable – de cet objet toujours déjà perdu. Est-ce que les artistes ne se sont pas avérés tels justement à tenter d'inscrire, inlassablement, quelque part dans leurs œuvres, un signe de ce réel invisible, impossible, manquant toujours à s'écrire ? Casser des noix pour faire entendre qu'il s'agit *en même temps* (tout est là) de faire autre chose que de casser des noix, sortir de la langue *dans* la langue, de la figure *dans* la figure, ne pas craindre de s'exhiber ni de se produire pour ruiner l'exhibitionnisme et la production. « *Le néant, qui n'est pas,* écrit Bataille, *ne peut se séparer d'un signe, sans lequel, n'étant pas, il ne pourrait nous attirer.* » Et encore : « *la particularité est* le doigt, *celle d'une femme qui montre à son amant ses obscaena* » (le doigt ici c'est l'obscène même, et la conflagration d'un organe et d'un geste – obscène multiplié par lui-même – produit autre chose que l'obscène).

Les films qui nous importent aujourd'hui sont ceux où l'on peut saisir à l'œuvre ce travail de la contre-production dans la production, cette co-présence dans la figure de ce qui fuit en elle, l'indiscernabilité (non la contradiction dialectique) de ce qui se montre et de ce qui se démontre, le coefficient de déréalité introduit dans ce qui s'incarne, le dérobement de ce qui s'affiche, ou cette « *part de l'événement,* selon Blanchot, *que son accomplissement ne peut réaliser* ». Plages désertiques, aphasiques, muettes, doublant chaque discours chez Godard (*6 x 2*) ; vacillation indécidable de l'assertion et statut incertain du récit chez Moullet *(Anatomie d'un rapport)* ; analphabétisme, sous-développement et tiers-mondisme profond des films de Straub/Huillet à partir de stratifications hyper-culturelles. Puissance défective du *ça montre* dans *Je tu il elle,* dissolution de l'objet dans le discours d'objet, en-deçà du corps inscrit à même le corps (*Jeanne Dielman*). Discours à la quatrième personne du singulier, qui n'est ni l'histrionisme de la subjectivité (le « je »), ni le despotisme de l'interpellation et de la demande (le « tu »), ni l'horreur objectivante de la non-personne (le « il/elle »). Temps lui-même du moins-que-parfait.

Car entre la puissance impersonnelle et la politesse du

« montrer » (*le* « montrer » dit Straub reprenant Saint-Simon, « le "montrer" » comme un poing ou un moignon ») et, d'un autre côté, la grossièreté du m'as-tu-vu, la différence est infime et radicale. Le premier, c'est le cinéma qui ne cesse de nous affecter, le cinéma d'amateur, l'infra-cinéma, le sous-cinéma, le pas-du-cinéma, comme *ils disent*, les autres (*la régression*, écrit Marcel Martin à propos de Godard dans *Cinéma 77*). L'abjection, c'est ceci, qu'*ils* ne cessent d'encenser : « *En toute grande œuvre sérieuse résonne un mot sublime et calme : "Me Voici !". L'admiration ou le dénigrement s'évanouissent. Il ne reste plus que le son éternel de ces mots* » (Kandinsky). Ça, c'est le grand cinéma, le grand classique, l'œuvre majeure, le chef-d'œuvre (Bertolucci, Herzog, Rosi), celui de la dévotion et de la piété, qu'on inscrit au programme des U.V. à l'Université sous le titre Cinéma-et-Histoire, Cinéma-et-folie, Cinéma-et-politique.

A partir de là peut-être, il est possible de reprendre, en quelque sorte à son envers, tout de suite pour la deuxième fois ou au deuxième tour, un film comme *Je tu il elle*. Voir la première partie par exemple comme Tout autre chose que la régression, la stagnation ou l'enfoncement dans la déprime qu'elle simule, mais bien comme le véritable voyage du film, d'autant plus intense qu'il est immobile, et la seconde, apparente errance, comme une suite de *trépidations* ou de *vibrations* sur place (il roule ou il ne roule pas ce camion ?). Noter comment, loin d'être orienté selon le mouvement d'une finalité édifiante (la connerie du « passage de l'adolescence à l'âge adulte »), le film fonctionne *cycliquement*. Car les premiers mots du commentaire sont : « ... *et je suis partie* » (très important, les points de suspension *dans* la voix), soit : le dernier plan du film est aussi bien celui qui vient juste *avant* le premier, et tout recommence sans fin. Et cela n'a rien à voir avec les produits faussement vertigineux et interminables « ouverts » en fait bouclés sur eux-mêmes dans leur pseudo-infinitude, parfaitement statiques et centrés. Car la *programmation* des films de Chantal Akerman (il y a chez elle comme un simulacre de cybernétique) relèverait plutôt d'un ordre cosmogonique de formation et d'engendrement du monde. *Je tu il elle* et *Jeanne Dielman* sont des semblants de création du monde : le premier jour, le deuxième jour, le troisième jour : distribution, rangement, classification et nomination des choses, séparation dans et du temps et de l'espace. Et puis (mais non pas *et puis*, en même temps), introduction du désordre dans l'ordre, du détraquement dans l'éternel retour, puissance du *chaosmos*. Il y a toujours du bruit et de l'aléa qui se surajoutent au programme et au message, et en font un nouveau programme et un nouveau message : un client qui s'attarde, une jouissance imprévue, un passage à l'acte, ou dans *Je tu il elle* tout ce qui introduit de *jeu* dans la machine : la stricte succession des jours qui se perd, un passant qui se défile, une fermeture-éclair qui se bloque. Il est beaucoup question en ce moment, de ce que pourrait être une écriture « spécifiquement » féminine, de la jouissance féminine travaillant les pratiques artistiques, mais on commence à se rendre compte que ça ne se réduit pas à des contenus revendicatifs explicites, ni au bon espace féminin et aux rapports sans violence opposés au mauvais espace et aux rapports de pouvoir mâles, que ça n'a rien à voir non plus avec la sottise du départage entre la spontanéité ou le vécu (soi-disant propres aux femmes) et le discours ou la théorie (soi-disant domaines mâles). Peut-être, pour approfondir cette question, faudrait-il chercher chez Chantal Akerman du côté de ce niveau cosmogonique d'une création du monde n'avançant que par son dérèglement. Si la question se pose de savoir dans quelle mesure une face de l'Autre, la face Dieu, selon Lacan, se trouve être supportée par la jouissance féminine, est-ce que la mise en place d'un semblant de construction du monde dans *Je tu il elle* et *Jeanne Dielman* ne correspondait pas au moment où, dans sa postulation paranoïaque à être l'autre nom d'un Dieu qui n'existe pas, *la* femme se voudrait toute, et le geste qui fait poser cet ordre comme inséparable d'un chaos qui le mine, celui où elle révélerait ceci que, « toute », *une* femme ne saurait l'être ? C'est ce que vérifierait aussi l'histoire de cette étrange miroir-porte-fenêtres dans la plongée qu'y effectue le personnage est tout à la fois captation spéculaire narcissique, passage psychotique au-delà ou à travers, et avènement libérateur à l'ordre du désir par sortie et provocation du regard de l'autre. Car cette histoire de bruits, de gestes et de paroles se complique singulièrement d'être structurée par un déploiement d'états successifs de la vision selon les séquences : voir/se voir/se donner à voir/être vue. Le regard du spectateur, fixé dans un premier temps par ces plans tellement stricts et immuables, se trouve obligé en même temps à une mobilité déliée, pour tenter de saisir ou de suivre quelques figures évanouissantes (le passant qui glisse le long du champ, les plans magnifiques où le routier réveille Chantal Akerman et où elle se relève en souriant). Dans le dernier numéro de la revue (compte rendu de Nantes), Serge Daney a bien décrit les effets produits par la triangulation fictive qu'introduit le sourire indécidable, en amorce de Chantal Akerman, pendant le monologue d'Arestrup. Il faudrait ajouter que le film entier fonctionne aux yeux du spectateur, (et cela quelque soit le nombre de personnages présents dans le champ) selon une disposition où les intensités crépitent, comme un arc électrique, entre deux pôles figurés, véritables charbons, et que dans ce plan précisément le regard bandé et l'écoute tendue de Chantal Akerman jouent structurellement le même rôle et établissent entre elle et celui qui parle la même tension que faisait la main en train de branler, hors-champ, au plan immédiatement antérieur.

Au dernier plan du film, on voit les deux filles dormant, puis Chantal A. se lever et s'éclipser par le bord droit de l'écran. Peu à peu, notre œil est attiré par quelque chose qui se passe au bord gauche du champ. Comme un papillotement se produit, altérant la stricte verticalité du cadre. On croit d'abord qu'il s'agit d'une aberration lumineuse due à la fin de la projection, puis, l'œil s'habituant, on croit identifier une silhouette debout en très légère amorce. Quelques secondes encore, et, tandis que s'élève la comptine : « *Nous n'irons plus au bois, les lauriers sont coupés* », il se révèle que ce liseré tremblant à gauche de l'espace filmique n'était rien d'autre que le bord d'un visage capté de trois-quarts dos, paupières et cils battant. Peu importe ici qu'il s'agisse, comme je le crois, d'une intention délibérée de l'auteur, ou d'un « accident » de tournage de l'ordre de cette « résistance » d'une technicienne dont parle Chantal A. à propos de *Jeanne Dielman* (dans *Libération*), résistance qui lui faisait inlassablement, à chaque nouvelle prise et en dépit des remarques, replacer la perche dans le champ. Mais le fait n'est pas indifférent en revanche que le film tout entier, grâce à cet œil battant vu presque de dos, soit suspendu au regard du spectateur par l'intermédiaire d'un imperceptible clin.

JEAN NARBONI
(*Cahiers du cinéma* n° 276, mai 1977)

Le secret du placard

(*Les Enfants du placard* de Benoît Jacquot)

par Pascal Bonitzer

Bernard Boland soulignait récemment avec raison une phrase du dialogue de *L'Homme qui aimait les femmes*, et qui est à prendre bien entendu à compte d'auteur : « *Vous êtes narratif, vous n'avez pas peur de raconter une histoire.* » Qui a peur, aujourd'hui, de raconter une histoire ? Disons que c'est une peur diffuse, issue de la modernité, pas seulement et pas principalement cinématographique (littéraire aussi bien, je dirais même surtout littéraire, mais qui s'est propagée ailleurs), un « soupçon » comme on dit, porté à l'encontre du narratif, du romanesque, via un naturalisme dépassé, largement dénoncé et, il est vrai, endémique dans le cinéma, le cinéma français du moins. Aujourd'hui, un peu partout, c'est plutôt le manque d'histoires, de bonnes histoires, qui se fait sentir. La crise du cinéma, c'est aussi la crise du cinéma romanesque, le désir cinéphilique frustré de vibrer auprès d'un récit aussi passionnant et bouleversant qu'ont pu être pour notre génération, au hasard et inégalement, *Moonfleet*, *La Dame de Shangaï*, *Mrs Muir*, par exemple. Est-il possible aujourd'hui de trouver au cinéma l'esprit de générosité et de passion qui anime le moindre des récits de Stevenson ?

Peut-être taxera-t-on ce souci de réactionnaire. C'est qu'on ne mesure pas le désert où nous avons soif, depuis près de trente ans pour la littérature, depuis quinze ans pour le cinéma, de ces récits qui, écrivait Bataille (auteur sourdement décrié après avoir été la grande référence à la fin des années soixante), révèlent « la vérité multiple de la vie ». En d'autres termes et pour parler plus crûment, pourquoi se fait-on tellement chier ? Pourquoi si peu de nouveauté, tant de tristesse, de lassitude et de désespoir ? Si l'on excepte les talents ou génies solitaires poursuivant depuis plus ou moins longtemps une expérience singulière d'écriture, il faut poser qu'il n'est arrivé strictement rien de nouveau dans le cinéma français depuis la Nouvelle Vague. Rien, strictement, à la seule exception, absolument seule, aussi ingrate que solitaire, de Godard dans sa toute dernière période, depuis *Numéro Deux*.

C'est dans ce climat de sécheresse qu'il faut mesurer le pari que prennent aujourd'hui quelques jeunes cinéastes, en Europe essentiellement et, pour la plupart, en France, – il y a aussi Wim Wenders en Allemagne –, à partir d'une vive nostalgie, – la nostalgie n'est pas nécessairement une passion négative –, d'un fervent esprit de rêve, et d'une mémoire cinéphilique éblouie, le pari de retrouver, d'une manière originale, les voies du romanesque et du rêve.

Tel est le pari de Benoît Jacquot avec *Les Enfants du placard*. *Les Enfants du placard* relèvent d'un calcul – d'un calcul, le mot est à prendre très littéralement et très fortement, s'agissant de Benoît Jacquot – aussi retors que passionnant. Ce film, en effet, dont les références, les réminiscences, les citations, les rêves semblent prendre source si loin de ce dont résonne, présentement, comme disait Mallarmé, « le chœur des préoccupations » (soit ce qui se colporte des *mass-*

media), ce film essaie en douce de récupérer au fil de son récit ce qui a pu marquer la génération de son auteur : la Nouvelle Vague, caricaturée dans la surprise-partie où Brigitte Fossey fait rencontrer Isabelle Weingarten à Lou Castel, Mai 68 et ses séquelles, en filigrane de l'abjection frappant le père et le mari, de se livrer au trafic d'immigrés.

Cela eût fait horreur à Benoît Jacquot d'imiter les thèmes ou le style de la Nouvelle Vague. Pourtant la Nouvelle Vague l'a marqué, comme elle nous a marqué et comme elle a marqués, pour le meilleur et le pire, le cinéma dans son ensemble. C'est pourquoi elle se retrouve, littéralement travestie, dans cette surprise-partie anachronique et zombiesque où Brigitte Fossey prend pour la première fois, dans une très belle lumière de nuit, son masque d'effroi, son visage de goule. De même on imagine que Benoît Jacquot eût été révulsé de « traiter », si l'on peut dire en pareil cas, du trafic de travailleurs immigrés dans-la-France-d'aujourd'hui. Pourtant la chose le révolte et elle se retrouve dans la trame de son récit. Benoît Jacquot est donc exactement le contraire d'un cinéaste militant, ce qui veut dire que c'est, exactement, un artiste. Un artiste avec ce que le mot comporte d'ambigu, d'un petit peu canaille, de vaguement sadique. Quelqu'un qui fait passer les conflits du temps présent dans son art, et non son art dans les conflits du temps présent.

Il me paraît ainsi que Benoît Jacquot incarne et poursuit une *politique*, dont *Les Enfants du placard* représentent un moment stratégique. De quoi s'agit-il ?

Je l'ai dit plus haut, de retrouver un efficace de la narration – un efficace, c'est-à-dire tout à la fois un filon thématique et la puissance de frayage d'une écriture. Si l'esprit révolutionnaire aujourd'hui, dans le cinéma, consiste à dire : « que le cinéma aille à sa perte » (il ne s'agit à vrai dire pas de révolution, mais d'une sorte de revendication folle, déses-

pérée, de l'errance, de la dé-croyance et du détraquement
généralisé), alors certes Benoît Jacquot est conservateur.
Son entreprise – s'il n'est pas un peu tôt pour parler d'entreprise – est tout le contraire de folle, de désespérée, de
détraquée. Elle relève plutôt d'un fervent espoir dans l'avenir d'un cinéma qui raconte des histoires, et ses deux films,
chacun des plans de ces deux films, me semble-t-il, calcu-
lent les chances, les possibilités réelles, pour l'avenir, de
ce cinéma-là qui, dans le passé, nous a nourris. Et il faut
souhaiter cet avenir, faute de quoi nous continuerons
quelque temps de tromper notre soif avec la pacotille actuellement en vogue, genre Altman, d'un côté ; de célébrer
les grandeurs, la sauvagerie et les beautés schizoïdes du
désert, avec par exemple Akerman, de l'autre, ensuite de
quoi le cinéma sera intégralement du passé.

Telle est la véritable histoire, à mon sens, des *Enfants du
placard*, tel est le sens dernier du fragment de *Moonfleet*
inséré dans le film – c'est bien une citation, et non une
incorporation, pour reprendre la distinction introduite par
André Téchiné dans son entretien des *Cahiers* –, tel est le
secret du placard en dernier ressort. De même que dans
L'Homme qui aimait les femmes j'entends quelque chose
comme : « *Je continue à filmer, à aimer, selon ce que me commande mon désir, quoique je sache que tout se transforme, se
défait autour de moi, quoique je sois peut-être déjà un cadavre
(et quel état est plus désirable ?)* », de même il me semble
entendre dans le film de Benoît Jacquot le sourd et insistant
murmure d'une croyance tout à la fois ferme et fragile : « *Il
faut tenter de retrouver les conditions du placard, de Lang, même
si à ce jeu on risque de tout perdre, et de se retrouver déchet
grisâtre, bébé-cadavre emmailloté d'une chose sale (le plan ultime
du film), reste réel d'un film impossible, ou d'une sœur-épouse
disparue.* »
109

A ceci près que le personnage, Lou Castel, le héros jac-
quotien, lui, ne parie pas, ne calcule pas (sinon dans l'imaginaire). Il est constamment et intégralement dupe, même
quand il croit détenir la clé (la canne, le secret, la cica-
trice jumelle dans le dos) qui le conforte dans l'illusion de
sa souveraineté (« *comme par hasard, me voici roi* » dit-il en
tombant sur la fève dans la séquence de la galette) par rapport à l'abjection des liens sociaux incarnée diversement
par Jean Sorel, Christian Rist, Georges Marchal, Isabelle
Weingarten. Ce qu'il y a de plus moderne dans l'entreprise
jacquotienne, c'est cette analyse des pièges du narcissisme,
cette obsession de la déchéance, non d'un individu (ce serait
le romanesque ancien), mais d'un sujet béatifié d'un moi-
idéal gratiné. C'est indéniablement un thème moderne,
bien que ce ne soit pas, Dieu merci, un thème d'actualité ; on ne peut pas dire pourtant qu'il court les rues. C'est
que dans la presque totalité du cinéma narratif, ce sont des
individus, des moi, qui s'agitent, non des sujets barrés ou
fendus. Même un film, déjà cité, comme *L'Homme qui aimait
les femmes,* subtil à bien des égards et plus au fait du nouveau introduit par la psychanalyse que bien des œuvres,
raconte en fin de compte l'histoire d'un petit moi dont il
épouse et justifie les leurres (comme Boland l'a bien noté).
Dans le cinéma, il n'y a guère que Bunuel, Fellini et
Bergman, des cinéastes très loin de Jacquot et d'ailleurs des
monuments historiques, à mettre en scène diversement, en
recourant fréquemment au fantastique, les aventures non
d'un individu mais d'un sujet de désir. Il ne s'agit pas de
comparer Jacquot à ces écrasantes figures, mais de signaler
une rareté. Encore les trois auteurs cités font-ils la part très
belle à l'expression du fantasme, à ses séductions et ses
charmes. Jacquot s'y refuse obstinément. Rigidité ou rigueur,
il se refuse à évoquer directement le rêve, quand tout le film
en est infusé. Il en tient obstinément pour la métonymie,

c'est-à-dire pour la rareté, la discrétion évocatoire : ainsi le palmier du jardin du Luxembourg, s'érigeant dans le dos de Lou Castel, tout en étant palmier réel et parisien, inscrit tout à la fois le rêve africain du jeune homme, et la dérision de ce rêve.

C'est vrai : pour la fiction, aujourd'hui, tout n'arrive pas à la psychanalyse, ce serait trop triste, mais tout nécessairement en part ou bien s'y noue, pour le meilleur et le pire. Il est frappant de constater que les liens sociaux, et la circulation de l'argent notamment (laquelle tient tant de place dans les deux films de Benoît Jacquot), qui ne semblaient naguère traitables que par les voies du marxisme, reviennent aujourd'hui bien plus fondamentalement à la psychanalyse. Et il y a une affinité bien plus grande de la psychanalyse à la littérature et au cinéma, que n'en a jamais eue le marxisme. C'est là que le calcul de Jacquot prend sa portée ; c'est par là que passeront les voies du romanesque moderne, comme c'est par là que passe la voie étroite mais vertigineuse du cinéma-essai à la Godard. Le moi règne encore dans le cinéma. Le sujet de l'inconscient, les paradoxes de l'énonciation, la logique du désir, sont des découvertes récentes et, quoique déjà contestées, encore méconnues en ce qu'elles apportent de fraîcheur. Là passe la chance d'une nouvelle écriture du romanesque, là frappe la nouveauté et la valeur programmatrice des *Enfants du placard*. Quant à ce qui dans ce film séduit d'abord, le climat vénéneux, la nocturne et suffocante beauté, l'intrigue savamment enroulée jusqu'au dénouement de désespoir, je les laisserai, une fois n'est pas coutume, parler d'elles-mêmes.

PASCAL BONITZER
(*Cahiers du cinéma* n° 281, octobre 1977)

Le mal est fait

(*Passe ton bac d'abord* de Maurice Pialat)

par Jean Narboni

C'était – impossible de l'oublier – non dans un film de Pialat, mais dans *Que la bête meure*, et je ne sais pas qui, du cinéaste Chabrol, du scénariste Gégauff ou de l'acteur, avait inventé la situation et la réplique : « *Est-ce que tu te rends compte que ta vie est foutue ?* » Maurice Pialat, massif, abrupt et pourtant si incroyablement doux, disant cela, du fond d'une douleur, à l'enfant qui venait d'avouer avoir tué la « bête », son père : une vérité de son propre cinéma m'a toujours paru être recelée dans ce moment du film d'un autre. Une vérité qui pourrait se décrire ainsi : la plus grande tension entre la description, étape par étape, du mouvement de la vie comme démolition, et l'espoir fou, ouvert par l'interrogation, que non, peut-être, « pas définitivement foutue ». Maurice Pialat a réalisé son premier long métrage. *L'Enfance nue*, à plus de quarante ans. C'est-à-dire relativement tard par rapport à la majorité des cinéastes, mais aussi dix ans après la Nouvelle Vague. Ce n'est pas sans importance. Et au-delà du ressentiment qu'il exprime, il faut prendre au sérieux ce double retard par rapport à lui-même et à une tendance déterminante du cinéma français, pour pouvoir mesurer la place vraiment singulière (autant que celle de Rozier ou Eustache) qui lui revient. Celle aussi qu'il occupe dans ses propres films, difficile à assigner (son *point de vue* comme on dit), parce qu'indéfiniment déplacée dans l'échelonnement des générations et des sentiments, et qui pourrait lui faire revendiquer : tous les noms de la fiction, c'est moi. Pour évaluer ce qui a bougé et ce qui stagne dans le cinéma français, il faut essayer de penser les films de Pialat non dans la descendance de la Nouvelle Vague, non pas bien sûr dans sa reprise, mais pas non plus dans une réaction contre elle, simplement dans son *après-coup : Passe ton bac d'abord* dans celui d'*Adieu Philippine* et du *Père Noël a les yeux bleus, Nous ne vieillirons pas ensemble* dans celui de *L'Amour fou* et de *Pierrot le fou, L'Enfance nue* dans celui des *Quatre cents coups*. Essayer de saisir son importance en constatant qu'il s'est d'emblée donné pour objet celui auquel Godard (qu'il déclare détester) ne cesse, après quinze ans, de revenir depuis *Numéro deux* : la famille et son nœud, la famille comme usine et comme paysage. (Godard qu'il faut lui aussi prendre au sérieux, sans le croire entièrement, quand il dit que dans *Numéro deux*, il occupe la place du grand-père).

Ce qui avait frappé Oudart au moment de *L'Enfance nue* était une sorte de miracle de la prise de vues, « ni distanciée ni complice », dans ce cinéma à peine narratif, surtout pas existentiel. Or, ce mystère de la prise de vues me semble être un trait commun à une sorte de courant *ethnographique* du cinéma français, cruel et exact (Rouch bien sûr, mais aussi Rozier, Eustache). Se demander si Pialat porte un regard, et de quelle nature, sur l'adolescence ou l'enfance, s'il s'agit dans ses films d'un point de vue adulte sur les jeunes, ou de l'obsession chez un vieux du regard que les jeunes, *tels qu'il les voit,* portent sur lui, se demander en un mot où il se tient dans tout ça, n'est sans doute pas sans intérêt, mais secondaire. La cruauté et l'exactitude de ce cinéma ethnographique tiennent à une position de caméra (mais c'est encore trop « physique », il faudrait parler de position d' « expérience ») telle que puisse être saisi, et de là seulement, *ce qui fait mal où ça fait mal*. Rien ne doit nous être épargné de ce que la chirurgie désigne du terme : « point de douleur exquise ». Soit : celui où l'impact sera maximum d'une phrase (je cite de mémoire) comme : « *Si tu mourais maintenant, cela ne me ferait rien* », ou « *tu sens le vin* », lancée dans un souffle par la mère agonisante à son mari penché sur elle. Cette violence n'est pas chez Pialat sadique, comme elle l'est chez Rouch ou Eustache, mais exactement masochiste. C'est-à-dire rien moins que complaisante : stricte et disciplinée au contraire. D'où la haine qu'il voue à la graisse (comprendre aussi à partir de là pourquoi Monte Hellman aime tant *La Gueule ouverte*).

Dire qu'il existe un devenir-fiction de tout documentaire, et un poids documentaire de toute fiction est devenu aujourd'hui une généralité creuse. C'est proprement d'effets de *fantastique* qu'il s'agit dans le cinéma dont je parle, et notamment chez Pialat. Le jeu d'acteurs et la prise de vues y détiennent un privilège absolu sur le montage, même si celui-ci est long, difficile et raffiné. L'enjeu est d'épingler un état de surprise et comme de dénuement du corps d'acteur, avant que la narration, imminente, ne l'ait déclenché. Le montage consistant alors à maintenir, tout au long d'un récit minimal (aucun liant), cet état antérieur du corps, en sorte que sous ce semblant de récit ne cesse de courir un refus de se plier à lui. La scène-type du cinéma de Pialat pourrait être condensée ainsi : quelqu'un fait irruption dans un lieu qui n'est *pas habitué à lui* et où se trouvent un ou plusieurs familiers de ce lieu. Dans le plan et dans tous les sens (du décor à l'acteur, des acteurs entre eux, de la prise de vues à tous ces éléments) se fait alors entendre un : « pas de chez nous ». C'est le sujet même de *L'Enfance nue*, c'est la violence des visites incessantes que Jean Yanne rend aux uns et aux autres dans *Nous ne vieillirons pas ensemble*, c'est l'admirable ouverture de ce même film (la fille disant à son amant : « *C'est sinistre chez vous* »). Pialat : un cinéma de *personnes déplacées* (à entendre dans tous les sens).

Pas plus que l'approche existentielle (*Passe ton bac d'abord* n'est pas un film sur la déprime des jeunes), l'analyse politique ou sociologique ne peut rendre compte de ce cinéma, même si elle en emporte des morceaux. Certes le mot « anarchie », parmi tous les graffiti de lycéens qui ouvrent le film, est le seul filmé en très gros et isolé. Mais précisément cela n'implique rien. On a écrit à gauche que le film traitait du chômage, de la crise, de l'avenir sombre proposé aux jeunes (c'est vrai, c'est vrai…). Mais à droite on peut dire aussi (on l'a d'ailleurs fait) : « *Voyez ce que le monde moderne (id. le libéralisme) fait des filles et des fils de notre bon peuple du Nord* ». N'y manque même pas, comme dans certains films français de l'immédiat avant-guerre, le show business corrupteur, sous la figure des deux photographes (séquence admirable mais – pour ne pas préciser plus – péniblement anti- « cosmopolite »).

La question que posent indéfiniment ces films est à la fois plus précise et plus ample : « *Est-ce que tu te rends compte que ta vie est foutue ?* » Soit : comment faire pour ne pas mourir la gueule ouverte, comment en réchapper ? « *Repartez comme vous êtes venus* », intime justement le père d'une des filles aux deux photographes. Impossible : on ne se tire pas d'un plan de Pialat dans l'état où on y est entré. Le mal est fait.

JEAN NARBONI
(*Cahiers du cinéma* n° 304, octobre 1979)

Où est la crise ?

Table-ronde sur le cinéma français
(*extraits*)

Une rumeur de plus en plus persistante circule dans le milieu cinématographique et trouve un écho qui l'amplifie considérablement dans de nombreux relais mass médiatiques : elle se résume à un « Vive le cinéma américain qui fictionne tous azimuts ! » (succès de *Apocalypse Now*, de *Alien*, l'effet-*Holocauste*, etc) et à un « Ras-le-bol du cinéma français qui piétine dans le récit, le genre littéraire, incapable de fictionner !... » D'où l'idée de cette table-ronde sur le cinéma français, la crise des fictions, la crise économique. Cette table ronde a une histoire : la rencontre entre nous – Luc Béraud, Eduardo de Grégorio, Pascal Kané et Bertrand Van Effenterre : cinéastes, et Serge Toubiana : critique aux *Cahiers* – s'est faite à Cannes, durant le dernier festival international du film. Son objet, sa cible journalistique : parler du (jeune) cinéma français au moment (et en plein centre d'un lieu) où tout le cinéma mondial s'affiche sur un écran féérique qui cache les profondes fissures qui lézardent l'édifice cinématographique, au moment où Cannes récompense deux superproductions (*Apocalypse Now* et *Le Tambour*) dont on imagine mal qu'elles pourraient naître du cinéma français.

Quelques semaines plus tard, chacun ayant lu le décryptage de cette discussion, il nous a semblé important de revenir sur les questions de fond abordées la première fois, en essayant de mieux structurer les axes d'une problèmatique. Une nouvelle discussion s'est organisée (à laquelle s'est joint Serge Daney) d'où ressortent les interventions qui suivent. Les axes de cette problèmatique – que chacun aborde avec son angle de vue propre – sont les suivants :

1. Qu'en est-il des fictions dans le cinéma français ? Comment disposer l'opposition « cinéma américain construit à partir de fictions/cinéma français travaillant le récit, l'écriture » ? Quelle est l'économie de cette différence-opposition, son historique, l'avenir qu'on lui entrevoit ?

2. A partir de là, comment situer le débat auteur/metteur en scène ? La notion d'auteur, aujourd'hui généralisée, est-elle une catégorie inflationniste qui cache cette crise généralisée du récit fictionnel dans le cinéma français (ou européen) ? La même question, vue d'un autre angle : est-il possible aujourd'hui de réexaminer la notion de mise en scène, en la réévaluant, au détriment de celle d'auteur qui n'a plus son sens puisqu'elle mystifie le dispositif symbolique – et son économie – de la création cinématographique (rôle des scénaristes, des producteurs, des acteurs, etc.).

3. Le rôle de la télévision : si la télévision américaine, grâce aux multiples docu-drames, feuilletons, qu'elle produit *en série* (les serials) fournit au cinéma une matrice fictionnelle populaire (rôle qui était celui de la série B dans le cinéma classique), s'il existe entre le cinéma américain et la télévision américaine une sorte de « tronc commun » au niveau économique – utilisation des mêmes studios, système de relais ou de tremplins entre les acteurs, les producteurs, les

117

scénaristes *et* les metteurs en scènes – *et* au niveau du récit : comment raconter des histoires, qu'en est-il de cette relation en France ? La télévision française (le fait qu'elle se méfie des auteurs de cinéma et que ceux-ci soient rebutés à l'idée d'y travailler) n'est-elle pas responsable de cette crise de l'imaginaire qui affecte le cinéma ?

C'est autour de ces axes que s'est organisée, empiriquement, à bâtons rompus, cette table ronde avec des cinéastes français. Ce sont des axes de travail qu'une revue comme les *Cahiers* n'est pas prête de quitter de sitôt.

Serge Daney et Serge Toubiana

Crise des fictions

Serge Daney. Tout le monde arrive à la conclusion suivante : le cinéma français est à la fois : pittoresque (par rapport aux U.S.A.), marginal, et en même temps nivelé. Tout cela est un peu contradictoire. Il y a des raisons économiques, que l'on peut décrire : on ne sait pas vendre le cinéma français à l'étranger, on n'est pas aidé par le système de distribution, etc. Et il y a peut-être des raisons plus profondes. Alors je vous pose une question que vous n'abordez pas dans votre première table ronde : est-ce qu'il n'y a pas une crise des récits, des histoires que l'on raconte, des *fictions* ? Est-ce qu'on peut dire à la fois « on va résister » (disons, pour aller vite, son direct contre effet « dolby ») et en même temps vouloir toucher un public dont on constate depuis quelque temps que, lorsqu'on lui raconte des histoires avec un souffle épique, des fictions conradiennes à la Coppola ou même des vieilles science-fictions du genre *Alien*, il marche. Et pas seulement parce que les films américains sont mieux distribués, mais parce qu'il y a un rapport heureux à la fiction, au récit, qui semble être préservé aux U.S.A. et qui semble être complètement en crise en

France ? Et cette question de la fiction qui, en ce moment, m'intéresse beaucoup, je la trouvais absente de cette table ronde. Et je pense à une question subsidiaire : vouloir l'identification, c'est en général ne pas vouloir de personnages contradictoires. Or, tout le cinéma moderne que l'on a aimé (en tant que cinéphile ou apprenti cinéaste) est un cinéma qui a démoli les fictions, démonté, cassé, ou démultiplié l'identification, et ce cinéma-là aujourd'hui, d'un côté on l'a derrière nous, et on ne peut plus le faire aussi bien que quelqu'un comme Godard l'a fait à un moment donné, et de l'autre, on ne retrouve pas le plaisir de raconter des histoires, le goût de la fiction.

LUC BÉRAUD. Effectivement, le plaisir de la démolition, du contre, du anti et ainsi de suite est quelque chose qui maintenant n'a plus lieu d'être puisque cela a déjà été inventorié et réussi. Mais là où je ne suis pas d'accord avec ce que Daney vient de dire, c'est que je pense que le cinéma européen et surtout le cinéma français est un cinéma du récit, et qu'un de ses soucis principaux est d'interroger le récit, de lui trouver une forme, et quand tu parlais tout à l'heure de récit conradien à propos de Coppola, d'accord, mais c'est ce qui fait qu'à l'intérieur même de son film, il y a quelque chose de pas du tout américain : le trajet, qui vient du *Cœur des ténèbres*.

EDUARDO DE GREGORIO. Ce qui est curieux, c'est que moi j'ai entendu dire aux États-Unis que ce qui dérangeait les gens dans *Apocalypse Now*, surtout les critiques, c'était la voix *off*, et les gens étaient très violemment contre. Ce serait peut-être intéressant de savoir pourquoi. Est-ce que c'est littéraire par rapport à une idée purement spectaculaire du cinéma, où tout ce qui est introspection doit être laissé de côté ? Je ne sais pas. C'est là qu'il y a un côté européen dans ce film et qui doit sans doute gêner. Mais le reste, les personnages, on ne peut pas dire qu'ils ne soient pas américains…

DANEY. J'ai eu tort d'assimiler récit et fiction. Effectivement, le cinéma français est un cinéma de récits, de récits d'expérience : quelqu'un dit : il m'est arrivé ceci, il m'est arrivé ça, avec une voix off et des effets littéraires dans la bande-son. Le cinéma de fiction, c'est disons *Holocauste*… On nous montre des choses comme si il n'y avait jamais eu personne pour en rendre compte déjà. Alors disons qu'il y aurait une crise des récits et une libération des fictions.

BÉRAUD. Quand je dis récit, je n'en parle pas du tout par rapport à des références littéraires mais par rapport à ce qu'est le récit, c'est-à-dire comment raconter quoi ?

DANEY. Eh bien, à la limite, un récit, c'est quelqu'un qui récite !

BÉRAUD. Ah non, je ne crois pas…

DANEY. C'est toute une tradition française, chez Guitry déjà, chez Bresson, etc. La voix *off* dans la Nouvelle Vague, les premiers films de Rohmer…

BÉRAUD. Quand je dis que le cinéma français est un cinéma du récit je veux dire par là que c'est un cinéma qui s'interroge sur la façon de raconter quelque chose alors que les fictions américaines marchent toutes grosso modo de la même façon, non seulement sur l'identification mais aussi sur la linéarité, même si il y des flash-backs et d'autres choses comme ça. Elles ne se posent jamais la question de savoir comment elles vont raconter. En France, comme il s'agit d'un cinéma beaucoup plus ouvert sur la réalité et sur la société que le cinéma américain – contrairement à ce qu'on dit facilement –, la première question que se pose l'auteur, c'est : comment moi je vais faire passer cette chose commune qui est notre regard sur notre civilisation.

DANEY. Ma question est évidemment un peu trop générale. Ce n'est pas seulement le cinéma français qui n'a plus de fictions, c'est peut-être aussi toute la culture française, la France. C'est pour ça que le récit, qui est peut-être la forme littéraire, française de la fiction, la forme où la fiction est passée dans la voix de quelqu'un, ça a triomphé avec la Nouvelle Vague…

DE GREGORIO. Mais à ce moment-là, à quoi est-on condamné ? A essayer d'imiter le modèle de fiction américain ?

BÉRAUD. Est-ce que Hollywood s'est posé la question ? Nous qui arrivons après Godard et Bresson, qui se sont posé des questions et les ont résolues d'une certaine façon, on n'a aucune envie – ce ne serait pas très honnête – de repartir comme si rien ne s'était passé, alors que Hollywood ne s'est jamais posé cette question et continue…

DANEY. Il n'y a pas vraiment eu de cinéma moderne en Amérique…

BÉRAUD. Si, il y a des films influencés par le cinéma européen, par Resnais ; *Portrait d'une enfant déchue* par exemple, il y a Welles, mais à part des choses extrêmement ponctuelles, comme ça, disons que le cinéma américain ne s'est pas beaucoup interrogé sur sa façon de raconter ses histoires…

Qu'est-ce qu'il faut faire ?

DE GREGORIO. Mais alors, qu'est-ce qu'il faut faire ?

BERTRAND VAN EFFENTERRE. Je crois que ce que dit Eduardo, c'est que nous sommes condamnés à imiter le modèle américain.

DE GREGORIO. Non, là tu exagères…

VAN EFFENTERRE. Bon, j'exagère, mais c'est une autre façon de poser la question de Daney. Effectivement, je crois que la différence avec ce qui s'est passé jusqu'à présent, c'est que le modèle américain est maintenant le modèle qui a réussi à s'implanter. Je commence à penser qu'il y a eu une influence des séries de télévision américaine à haute dose sur la perception du spectateur en France. Le modèle américain est maintenant complètement intégré dans les mœurs du spectateur français. Il a tout bouffé. Je crois que c'est un problème de récit-fiction, c'est à peu près le nœud de la question. Je crois qu'on est devant une alternative : ou bien s'adapter aux normes américaines, et là le problème se pose en d'autres termes, c'est-à-dire : est-ce qu'on en a les moyens, la capacité…

DANEY. Le désir…

VAN EFFENTERRE… Ou bien est-ce qu'il y a la place pour autre chose à côté ? Daney dit que c'est un problème de culture nationale, comme si cette culture s'était vidée de son sens, n'existait plus. Le problème ne se pose pas comme ça. Est-ce qu'elle a encore les moyens de s'exprimer par rapport à ce modèle américain omnivore ? Et c'est là où peut-être notre rôle intervient.

DANEY. En tout cas, c'est une vraie question. Elle n'a pas du tout de réponse, en tout cas, moi je n'en ai pas. Mais elle me semblait manquer dans la première table ronde, on y parlait beaucoup de choses techniques, comme le son direct, – ou de problèmes de statut : « *est-ce qu'on est des auteurs ou des metteurs en scène ?* »

DE GREGORIO. Le désir de fiction… C'est peut-être très subjectif aussi. Je ne nie pas la possibilité d'aimer un cinéma qui existerait en dehors de cet espace-là, qui est celui des fictions, et qui me paraît important. Je crois que j'avais quand même posé une question un peu idiote : où sont les sujets dans le cinéma français ?

DANEY. Moi je suis d'accord pour poser cette question de manière idiote.

VAN EFFENTERRE. Où sont les sujets ?

DE GREGORIO. Oui, très souvent je me pose la question, pour moi-même aussi.

BÉRAUD. Oui mais si tu poses la question : où sont les sujets, ça veut dire aussi où sont les réponses ? C'est-à-dire que poser une question, à laquelle le film va apporter une réponse, en principe cela suppose une approche du monde qui prétend détenir des clés ou, tout au moins, avoir des choses à dire. Je crois que nous, cinéastes européens, sommes plongés dans un doute qui est peut-être historique…

DANEY. On n'a plus de questions. Coppola pose des questions, et il se moque bien de ne pas avoir de réponses à la fin d'*Apocalypse*.

BÉRAUD. Je ne pense pas qu'il ait des questions non plus.

DANEY. Il a une fiction, c'est-à-dire une dérive. Et nous on a bien des réponses, mais plus personne ne pose de questions.

VAN EFFENTERRE. Je ne pense pas que l'on puisse généraliser comme ça. Si on prend les films américains qui arrivent en France, puisqu'on voit le vingtième de la production au maximum, on retombe toujours sur les mêmes. Tu cites Coppola et c'est à peu près tout ce que l'on pourra citer. La production américaine qui envahit la France, c'est plutôt *The Big Fix*, le dernier Schatzberg, où il ne s'agit pas du tout de questions sans réponse.

Fiction, scénario

SERGE TOUBIANA. Il y a des scénarios. Des scénarios au sens le plus général du terme. Au sens où scénario, c'est plus qu'un scénario de film, au sens où un fantasme, c'est aussi un scénario…

DE GREGORIO. Ces scénarios vont au-delà du film, tu as raison. Je n'ai pas vu le *China Syndrome*, mais le scénario, là, c'est la réalité américaine. Le film est en prise avec cette réalité, même s'il est médiocre ou conventionnel, je ne sais pas, et tout ce qui se développe après, à partir du film, c'est : comment ça peut mobiliser une certaine tranche du public américain.

Béraud. Tu veux dire que l'équivalent en France, ce serait Boisset qui prend une réalité… une réalité policière…

De Gregorio. Que je sache, le film sur Ben Barka n'a pas été fait au moment de l'assassinat. Il y a eu un décalage historique.

Béraud. Oui, mais *Le Juge Fayard* a été fait un an après, le temps de mettre en branle la production. Effectivement, je n'ai pas vu *Le Syndrome chinois* mais j'ai vu le film de Martin Ritt (*Norma Rae*) qui est un film que j'aime bien, qui est un film qui pose des questions et qui a des réponses à apporter, qui sait où il va, etc. Comme les films de Boisset. C'est-à-dire qu'ils font une lecture d'un phénomène particulier en sachant très bien quel sens ils veulent lui donner ; il y a là quelque chose qui correspond un peu à un certain état d'esprit dans lequel je suis plongé, et je sais que pas mal de mes camarades y sont plongés aussi, c'est-à-dire essayer de trouver un sens ou au moins laisser planer un peu de sens sur la réalité que l'on perçoit. Non ?

Toubiana. C'est intéressant parce que quand on parle des cinéastes américains, effectivement, on dit Coppola et puis, bon, on n'en trouve pas d'autre. A mon avis, on peut rajouter Scorsese, mais il n'y en a pas beaucoup. Il y a un peu une fonction de mythe du cinéma américain, qui fait qu'il occupe le marché, les esprits, les fantasmes, le terrain, et que dès qu'on essaie de le décrire, de dire qui, quel film, on cherche et on ne trouve pas grand chose ; or ce ne serait pas faux de dire que le cinéma américain n'est pas très bon aujourd'hui.

De Gregorio. Ce n'est pas un problème de qualité.

Toubiana. Donc c'est autre chose, ce n'est pas effectivement la qualité d'un film, c'est la capacité d'une machine à mettre en branle le public, les fantasmes, l'économie, les ouvriers du cinéma. Et l'impression que l'on a d'ici, c'est que *ça fonctionne*.

DANEY. C'est partager avec un grand public des scénarios de simulation, comme *China Syndrome*, qui n'ont pas besoin d'être très raffinés au niveau d'une écriture de cinéma car ils ont une autre vocation…

VAN EFFENTERRE. Non, je ne crois pas ; à la limite c'est un scoop journalistique. Il n'y aurait pas eu Three Mile Island, *China Syndrome* peut-être s'écrasait. Les qualités intrinsèques du film ne sont pas très…

DE GREGORIO. Je ne parle pas de qualité…

VAN EFFENTERRE. Ce qui peut nous fasciner et en même temps nous poser des questions, c'est essentiellement pour moi l'occupation du terrain, et une occupation du terrain en profondeur. Indépendamment de quelques phénomènes extraordinaires du style Coppola, il y a une permanence du cinéma américain, une permanence d'un type de récit qui est un truc fondé sur un enchaînement linéaire, primaire, d'une histoire…

DANEY. Ce sont des fictions. Au sens de *feindre*, faire semblant. Quand on dit fiction, on dit aussitôt que ça s'oppose au réel mais que ça s'en rapproche de très très près, par exemple *China Syndrome*. Mais ça me paraît très logique dans un pays où le mode de gouvernement consiste à faire des scénarios de simulation politique sur le reste du monde. L'Amérique crée des fictions pour le reste du monde, des fictions politiques. Pour des raisons politiques et culturelles évidentes, ce n'est plus du tout la fonction d'un cinéaste européen de simuler des comportements. Les Américains, jouent aux échecs avec le reste du monde, donc ils créent des fictions, et il semble que leur cinéma, via la télévision, est en train d'être synchrone avec ces fictions, que la boucle se boucle. Et nous, on est un peu paumé par rapport à çà.

TOUBIANA. Je pense que le fait que la télévision fonctionne en permanence sur des « serials », et que ces « serials » sont vus, diffusés à l'étranger, en Amérique Latine, en Europe, c'est ça qui définit la base, le point d'appui de tout le cinéma américain. C'est là que ça invente, en fait...

VAN EFFENTERRE. Oui, c'est l'offre, maintenant, qui crée la demande par le canal de la télévision. A force de balancer des « serials », les gens demandent ça, même au cinéma. Le principe de *China Syndrome*, c'est exactement fait, au niveau du filmage, comme une série américaine. Moi ça me faisait penser aux séries du genre *Les Rues de San Francisco*. C'est la même façon de filmer. Chaque série est faite par un type différent en fonction de ses disponibilités et en fonction de ses capacités à faire ça de mieux en mieux et de plus en plus vite.

TOUBIANA. Ce qui m'a frappé dans *China Syndrome*, c'est que c'est un film qui ne laisse aucune place à l'érotisme ou à toute forme, même banale, de sexualité. C'est un film qui ne perd pas de temps à décrire des attitudes psychologiques, des poches de relation amoureuse ou ambiguë entre Jane Fonda et Michael Douglas. C'est sur ce point que j'ai perçu le modèle télévisuel très fortement présent. A la télévision, dans *Holocauste*, par exemple, on ne perd pas de temps sur les relations amoureuses du jeune couple, quand il en est question c'est absolument mauvais, cela ressemble à de la pub sur un couple qui prend un plan d'épargne-logement, très images d'Epinal. Cette absence de sexualité est un symptôme, au sens large du terme, qui prouve que c'est un film *(China Syndrome)* fait pour passer à la télé très vite après sa fabrication, et il aurait eu un formidable impact médiatique grâce au canal télévisuel dont il épouse la rhétorique. Mais il a eu la chance de précéder de peu l'événement de la centrale nucléaire...

DANEY. C'est toujours plus facile de s'identifier à un personnage qui n'a pas de sexualité, qui n'a pas de rapports au désir. Dès qu'un personnage est par exemple pris dans le désir, c'est dur de s'identifier à lui. On le voit bien chez Pialat, c'est dur de s'identifier dans ses films, c'est limite. Mais j'aimerais revenir à cette hésitation que j'ai perçue en lisant la transcription de la table ronde : est-ce qu'on est des auteurs, point à la ligne ? Ou est-ce qu'il y aurait une commande imaginaire à laquelle on aurait envie de se soumettre, mais qui n'existe pas ? Ou est-ce qu'on va faire comme Hollywood, sauf qu'on ne peut pas ou qu'on ne veut pas le faire ? Ça semblait refléter une sorte de malheur dans la recherche de son identité de cinéaste. Et c'est ça qui me frappe le plus, indépendamment des différences entre vous. Alors là, on a envie de demander à Bertrand ce qu'il veut dire quand il affirme qu'il faut résister. Ce que ça veut dire, concrètement, comme horizon : « *cinéma de résistance* ». Ou demander à Eduardo ce que ça veut dire de renoncer au statut d'auteur pour se revendiquer simplement comme metteur en scène, c'est-à-dire de se limiter soi-même. Ou demander à Pascal comment il voit la télévision par rapport au cinéma, comment elle change le statut du cinéma. Chacun semble avoir un début de solution pour continuer à travailler…

BÉRAUD. Moi je serais plutôt de l'avis de Bertrand, c'est-à-dire de la résistance. Tu vas nous parler de l'identité culturelle et de tout ça, mais je crois que c'est notre seul point d'attache et que c'est en revendiquant cela que l'on a peut-être des chances de devenir compétitifs par rapport aux autres. De toute façon, c'est la seule chose, la seule pratique qui me permet de ne pas trop changer de peau entre ma vie quotidienne et le moment où je me mets au boulot. Il y a des gens en France qui visent le modèle américain. Je pense à Verneuil ou même à Zidi. Des gens qui visent la fiction pure. Je suppose qu'ils doivent, lorsqu'ils descendent de l'autobus ou referment leur journal pour entrer dans le studio, changer de peau, qu'il doit se passer quelque chose, une métamorphose, parce qu'il n'est pas possible de faire les films qu'ils font et, en sortant du studio, de voir ce qu'ils voient. Moi, personnellement, j'ai l'impression qu'entre les films que j'essaie de faire et la vie que je mène, c'est la même chose, avec simplement un filtre de récit fictionnel.

Tout le monde fait des films d'auteur

Pascal Kané. J'ai relu la table ronde, et je me suis rendu compte qu'il y avait un malentendu entre le thème de l'« identité culturelle » qu'amenait Bertrand, qui est un thème incontournable, et celui de « la mise en scène » dont Eduardo et moi parlions. Il me semble, effectivement que cela peut prêter à malentendu, et on devrait, en tout cas à la lecture de la première mouture, donner raison à Van Effenterre sur le fond. C'est même une évidence.

Il me semblait vouloir dire qu'on ne peut plus se battre sur le terrain : on fait des films d'auteur contre des films commerciaux. Tout le monde fait des films d'auteur, aujourd'hui, d'une certaine façon, ou ils sont tous appelés et catalogués « auteur ». C'est dans la façon dont l'auteur passe dans le film, la façon dont il s'y investit, qu'il y a des différences. Alors que la Nouvelle Vague amenait des sujets différents (les auteurs se démarquaient aussi en ce que leurs sujets étaient différents), aujourd'hui, je ne suis pas sûr que les sujets soient différents. Peut-être que le point de vue change mais les sujets, pas tellement. Et c'était pour essayer de trouver un autre espace de définition aux auteurs qu'Eduardo et moi, pas obligatoirement dans le même sens, on parlait de *mise en scène*. Mais, probablement, la définition de mise en scène ne doit pas être suffisante. Il faudrait l'expliquer autrement. Enfin, j'ai l'impression que ce n'est pas tellement dans le sujet que ça se passe, l'apport du cinéaste.

128

VAN EFFENTERRE. Je suis assez d'accord avec toi dans la mesure où j'ai l'impression que les deux choses se passent effectivement à deux moments différents. Pour moi, c'était une approche générale, une espèce de constatation ; devant le laminage américain, est-ce qu'il y a encore une place pour quelque chose de différent ? Effectivement, à un autre niveau, à un niveau pratique, se pose le problème d'une approche différente, d'une conception. A la limite, c'est de savoir pourquoi on se pose en tant que cinéaste qui est important. Par exemple, si tu lis l'interview de Martin Ritt (je ne sais plus dans quelle revue), tu te rends compte qu'il ne se place pas du tout de la même façon que nous. Lui, effectivement, son problème c'est de fabriquer, comment faire fonctionner le mieux possible avec une « idée-bloc » sur laquelle il a écrit son scénario et qui avance comme ça. Il ne pose pas son travail en termes de responsabilité sociale, ce que font en général les cinéastes européens.

KANÉ. Oui, mais alors si le mot de mise en scène n'était pas suffisant, de même, parler de l'identité culturelle, ne l'est pas non plus. Parce qu'une identité culturelle, ça peut recouvrir beaucoup de choses, une politique de sujets très précisément. Actuellement, ce n'est pas derrière la bannière de nouveaux sujets que l'on peut se poser en « autres » du cinéma dominant.

DE GREGORIO. J'ai le sentiment, comme ça, qu'il y a une contradiction absolue. Pour moi, « mise en scène », c'est poser un certain cinéma que je vois aujourd'hui et qui n'est pas du cinéma ou qui est, pour reprendre le mot de Biette du « cinéma filmé ». C'était établir, proposer un droit à la différence ; dire justement « *on a le droit d'être différents* » et on le revendique. J'opposais ça au terme d'auteur parce que le terme d'auteur me paraissait incapable aujourd'hui d'exprimer cette différence dans la mesure où tout le monde se revendique comme auteur sur le marché français ou parisien. Tout le problème, c'est comment, à partir de la revendication de cette différence, arriver quand même à un public, à un public qui est par ailleurs bombardé par cet autre cinéma que je refuse. Je crois qu'il y a là une contradiction essentielle dans laquelle on devrait être pris. Du moment que tu veux arriver à un public, tu te poses le problème du sujet, forcément. Tu te poses justement le problème des fictions. Est-ce qu'il faut faire fictionner le spectateur ? Est-ce qu'on peut ?

KANÉ. Je suis d'accord avec tout ce que tu viens de dire. La question que j'aimerais te poser, c'est que lorsque tu dis que tu aimerais te situer contre ce « cinéma filmé » qui est le cinéma que les gens voient, est-ce que tu as l'impression que c'est un problème de sujets ?

DE GREGORIO. C'est aussi un problème de sujets, mais c'est aussi le problème du comment c'est fabriqué. Les deux choses sont peut-être imbriquées mais je ne pourrais pas définir cette imbrication. A mon avis, elle existe à plusieurs niveaux.

KANÉ. Ce qu'on disait à Cannes, c'est que c'était le rapport cinéma-télévision qui était en jeu. Parler de mise en scène, c'était se situer contre le filmage télévisuel du cinéma. C'est en ce sens que je comprends l'expression « cinéma filmé » ; quand la télévision enregistre le cinéma. C'était jouer le cinéma contre la télévision. Le cinéma d'aujourd'hui devenant justement minoritaire contre la télévision, même s'il peut devenir très puissant quand c'est Coppola qui filme à la place de la télévision, qui se substitue à tout l'appareil télévisuel.

Cinéma de scénario contre cinéma de mise en scène ?

DE GRÉGORIO. Oui, c'est sans doute la télé qui est à la base de cet aplatissement. Pour moi le problème se pose ainsi :

comment réconcilier un cinéma de scénario et un cinéma de mise en scène ? Et le terme « auteur » me paraît là complètement inopérant.

DANEY. Parce qu'un auteur, dans le sens plein du terme, c'est quelqu'un pour qui c'est indissociable. Le cinéma français qui a toujours été un cinéma d'auteur, majoritairement, ça toujours été plutôt : « *conçu, écrit et réalisé par…* », comme les films de Guitry que je voyais étant gosse. C'est encore vrai aujourd'hui. C'est un cinéma qui a toujours été hexagonal, minoritaire et difficilement exportable. Ça ne date pas d'hier.

DE GREGORIO. En même temps, il y avait un cinéma de scénaristes, ça existe et ça a toujours existé.

DANEY. Oui mais pas très bon… Prévert… L'âge d'or de l'entre-deux-guerres mais si on prend toute l'histoire du cinéma, du début jusqu'à maintenant, à part l'époque du Front Populaire et trois ou quatre scénaristes, le cinéma français, du moins celui auquel nous nous sommes référés et qui nous a fait, c'est un cinéma d'auteur, dans le sens arrogant et littéraire du terme.

DE GREGORIO. Oui, mais le mot auteur, aujourd'hui, n'a plus du tout la même valeur. Dans les années cinquante, ça avait une valeur de rupture. Aujourd'hui, c'est dans ce sens-là que tu es contre le cinéma d'auteur, contre l'expression « cinéma d'auteur ».

BÉRAUD. Ecoutez, le film de Losey, *Don Juan*, c'est le type même du film de commande. D'ailleurs, l'autre jour, on nous a dit « le film de Gaumont ».

VAN EFFENTERRE. Le film de Mozart ! Ce que tu définis en disant qu'il faudrait concilier la mise en scène et le scénario, ça pourrait être recouvert par un terme qui serait l'*exigence*.

DE GREGORIO. Oui, mais c'est un terme moral.

VAN EFFENTERRE. C'est pour ça que tout à l'heure je parlais de responsabilité car je crois que c'est là-dessus que l'on débouche en définitive.

DANEY. Vous ne pensez pas qu'il y a des raisons profondes qui font que, quelle que soit l'exigence dont tu parles, c'est objectivement difficile aujourd'hui en France d'être à la fois quelqu'un qui est l'auteur de ce qu'il fait, qui « écrit » avec sa mise en scène et qui en même temps est capable de susciter, de se laisser mener par des fictions là où elles naissent, c'est-à-dire à fleur de peau et partout dans le corps social. C'est de là que j'étais parti. Pour moi, quand tu parles d'exigence, il y a quand même un côté vœu pieux... [...]

Duras, Straub, etc.

TOUBIANA. Le seul auteur accompli, en ce sens, c'est Duras. Elle n'est pas dans un rapport malheureux à la commande, comme vous.

VAN EFFENTERRE. Duras ? La commande ?

TOUBIANA.. Sûrement, elle n'en a pas et elle s'en passe.

BÉRAUD. Parce que sa seule commande, c'est elle, c'est son ego.

TOUBIANA. Et c'est un cinéma d'institution.

DANEY. Duras, c'est un auteur très très français. Dans le sens que je définissais tout à l'heure. C'est-à-dire avec un ego d'artiste très fort, absolu, et les moyens de cet ego, de ce narcissisme. Et surtout avec une intelligence de l'économie dans laquelle elle peut fonctionner.

BÉRAUD. Il y a un bluff terrible chez Duras. Vu qu'elle est une institution, elle peut aller chercher des stars, des choses comme ça, bon, qu'elle détourne.

DANEY. Pas n'importe quelle star. C'est assez limité.

TOUBIANA. Elle peut séduire des institutions. Ce n'est pas pareil.

BÉRAUD. Mais enfin, Duras téléphone à François Périer qui

arrive une demie-heure après pour faire un commentaire, par exemple.

DANEY. Oui, mais si tu veux, on peut dire que Duras, a fait des films qui n'ont été vus par personne, méprisés par tout le monde, avant *India song*. Je veux dire qu'elle a eu sa part d'obstination pour, comme dit Bertrand, contrôler toute la chaîne.

BÉRAUD. Tu oublies quand même qu'elle avait un aval terrible, que c'était une des stars du « nouveau roman ».

DANEY. Visiblement pas. Les premiers films ont été complètement ignorés.

TOUBIANA. Elle a eu « l'avance » au départ, dès le départ ?

BÉRAUD. *La Chaise longue*, oui. *La Musica* aussi je crois…

DANEY. Ce qui, à un moment, me paraissait un point commun aux films que nous aimions bien dans le (jeune) cinéma français – je me rappelle que Pascal était d'accord avec ça –, c'était une certaine cohérence dans le rapport entre leur sujet et leur économie. C'est-à-dire que, vu les données concrètes dont ils disposent, les cinéastes ont ou n'ont pas ce flair de savoir jusqu'à quel budget ils peuvent être l'auteur complet de leur film. Et ils se moquent du reste. Quelques-uns y sont parvenus : il y a Duras, il y a Garrel, à sa manière, il y a Straub, etc. Ce sont toujours des cas très singuliers et même tératologiques.

BÉRAUD. Non mais regarde ! C'est formidable ! Ils ne sont que trois !

KANÉ. Straub est un assisté. Il a un réseau de gens qui croient…

DANEY. Oui, mais il l'a créé ce réseau. Straub produit ses films. Il fait ses films avec différentes télés, allemande, autrichienne ou italienne, qu'il méprise ou qu'il séduit. Il leur prend de l'argent. Il sait parfaitement gérer un budget. C'est certainement le seul cinéaste qui, sur un gros budget comme *Moïse et Aaron*, sait exactement où chaque centime va. C'est

133

exemplaire, en tout cas limite. Donc il produit son film. Il le produit de A jusqu'à Z. Et après, il m'envoie même des notes prises par un assistant pendant le tournage du dernier film pour que je m'en serve éventuellement pour une critique. Il pense absolument à tout. Il est attaché de presse, etc. Bon, on pense ce qu'on veut de ses films. Mais ils les produit vraiment. Ce soir, on parle plutôt des films faits par des gens qui, comme Straub, ont un narcissisme d'auteur mais veulent faire des films avec une idée beaucoup plus fluctuante de leur économie. C'est vrai que le cinéma « d'auteur » et l'inflation de ce terme, ça a correspondu à : l'avance sur recettes + L'INA + les télés. Et là, il faut revenir à ce que l'on disait sur les contrats. Ce n'étaient pas de vrais contrats. « L'avance », ce n'est pas un vrai contrat, c'est personne, ou c'est un peu de copinage. Les télés, on sait très bien que la télé allemande a de l'argent, elle a une politique de la marge et du gaspillage. Et l'INA, on a vu ce que ça a donné. L'INA a contribué à ce que de bons films se fassent, mais elle n'a pas pour autant appris à produire…

Van Effenterre. Si, effectivement, on pouvait travailler différemment, on le ferait. On a pour l'instant cette seule possibilité, je crois. C'est ça qui est dramatique. Savoir si cela va nous permettre, à un moment donné, soit de rentrer dans un système économique qui existe mais qui, pour l'instant, ne veut pas de nous, et d'y rentrer avec suffisamment d'atouts en mains pour être relativement maître du jeu plus tard, c'est une question, ou savoir si, à un moment donné, la résistance qu'on aura apporté par la fabrication de nos films et par la permanence du cinéma qu'on a envie de faire ou qu'on représente, permettra de garder un lien avec le public et de continuer. C'est cela le problème et l'enjeu actuel.

De Gregorio. En fait, ce que l'on est en train de dire, c'est que, que ce soit une solution ou l'autre, la situation qui était valable il y a cinq ans en France ne l'est plus aujourd'hui. Ce cinéma d'auteur produit avec « l'avance sur recettes », d'une certaine façon, n'existe plus. […]

Quantité/Qualité

KANÉ. Il n'y a que les films américains qui fassent événement Même un gros film français, cher, ne fait pas événement. *Flic ou voyou*, ce n'est pas un film-événement, c'est un film qui a marché, c'est tout. *Apocalypse*, c'est un événement.

DANEY. Il faudrait plutôt prendre le tout venant de la production des séries américaines ; des docu-drames du genre *Holocauste*, il y en a plein. C'est eux qui sont la matrice. C'est là que les cinéastes apprennent leur métier en Amérique, ou chez Corman, Coppola le premier. Ça n'arrête pas. Il y a un bombardement fictionnel constant… à partir de la télévision…

KANÉ. C'est là où les gens apprennent à regarder.

DANEY. Si bien qu'après, ils ne pourront même plus voir autre chose. C'est là où le crime se commet. Il y a une production énorme quantitativement ; dans la masse, il y a quelques bons films mais, en général, ils sont assez faibles. Alors qu'ici nous sommes en train de défendre un cinéma qui, qualitativement, se veut très exigeant, mais qui, quantitativement, n'est pas assez important pour qu'il se crée dialectiquement un rapport entre la qualité et la quantité. Quand on a cinquante films d'auteur faits par des jeunes cinéastes français qui sont tous ambitieux, il y en a deux ou trois qui logiquement sont réussis : on dit formidable, un nouvel auteur ! ou alors : très intéressant, le scénario, mais il n'a pas eu assez de moyens ni assez d'expérience… Ça ne fait jamais masse, c'est ça qui est décevant. Alors qu'en Amérique, le feuilleton, le docu-drame, aussi faibles, aussi débiles qu'ils soient, font masse. Ça forme des gens. Ça ne forme pas seulement des spectateurs, ça forme aussi des gens à *faire* des images. Et dans la masse, après, il y a Coppola, il y a Scorsese. Il y a des gens qui ont plus de talent que les autres.

BÉRAUD. Tu as parlé d'auteur et tu as parlé de série. Effectivement, il y a des séries, puis tout à coup, dans une série, on se rend compte qu'il y a un mec qui les fait mieux. On le remarque par rapport à d'autres. Il commence à lever le front et puis, petit à petit, il devient le mégalo qu'est Coppola. Alors que nous, on part d'un « *moi je* » et puis on essaie, sans machine.

KANÉ. C'est ce qui ne va pas.

BÉRAUD. Ce qui est très étrange en France, c'est que la télévision ne défriche pas de talents.

TOUBIANA. C'est la télé qui est la catastrophe du cinéma français.

BÉRAUD. Je peux vous raconter le cas précis d'un type à qui un producteur avait proposé de faire un film (plus exactement, à partir d'un bouquin). Le producteur va voir le chef de la troisième chaîne en lui disant : voilà, j'ai ce bouquin (c'était un classique, un très beau livre d'ailleurs) et le type qui va le faire. Le directeur de la troisième chaîne, Contamine, a dit non : allez me chercher des gens connus (il a parlé de Molinaro et de Chabrol). C'est-à-dire allez chercher des stars du cinéma pour faire de la télévision. Ce qui est insensé. C'est une aberration. Résultat : tous, autant qu'on est, on ne fait pas de télévision.

DANEY. C'est très important. C'est une réponse à tout ce débat qu'on a eu sur l'auteur et le narcissisme d'auteur. S'il y avait à la télévision quelque chose qui vraiment pousse les gens, qui les fasse travailler tout le temps, il y aurait une chance au moins statistique pour qu'il y ait, à un moment, des gens qui fassent des films de mieux en mieux, qui s'éman-

136

cipent, etc. L'autre système, c'est celui de la rareté. On a quelques mégalomanes fous qui tiennent à leur projet et qui le mènent à bien, de plus en plus marginaux d'ailleurs.

La TV française : dramatique

KANÉ. Pourquoi est-ce que l'on ne fait pas de télévision ?

BÉRAUD. Parce qu'il y a à la tête des chaînes de télévision des fonctionnaires qui ont une carrière à mener.

TOUBIANA. La culture cinéphilique vous en empêche. Je parle pour vous, votre culture cinéphilique, votre amour du cinéma américain.

KANÉ. On n'y a pas accès, tout simplement.

BÉRAUD. Les types qui font des dramatiques télévisions ont beaucoup plus de moyens, ont des moyens qui doivent être à peu près voisins de ceux que tu as eus sur ton dernier film.

DE GREGORIO. Absolument. Mais combien de minutage utile il faut que tu fasses par jour, par exemple ? Il y a deux choses fondamentales. La première : on ne peut pas *désirer* la télévision. Je sais effectivement que l'on doit faire dix minutes utiles par jour, ce qui veut dire que tu ne fais qu'une prise. La seconde : c'est que tu dois travailler très souvent avec des techniciens qui n'ont aucun désir de travailler. Et ça, c'est très dur.

TOUBIANA. Il n'y a pas d'émulation à la télé, c'est un service.

BÉRAUD. Troisième chose, et il faut le dire, c'est qu'il y a un contrôle très violent sur ce que tu fais. Il y a une censure, au niveau des feuilletons.

TOUBIANA. Il y a un exemple qui est intéressant, c'est le cas de Moati qui a essayé de passer de la télé au cinéma et qui a échoué. Donc quelqu'un qui a été « l'enfant terrible » de la télé avec la liberté de faire ce qu'il voulait sur des budgets colossaux, quand il a voulu sortir et se risquer au marché et non plus au service public, il a chuté.

KANÉ. Tous les cinq ans, il y a un type de la télé qui essaie. Je ne crois pas que cela soit un exemple. Ce qui est plus étonnant, c'est qu'il n'y ait pas l'exemple de gens venant du cinéma qui passent à la télé. Il y a un vieux préjugé : faire de la télévision, pour un cinéaste de cinéma, c'est déchoir.

BÉRAUD. Tout ça n'existe pas parce que les émissions de télévision se font avec les moyens du cinéma.

KANÉ. D'accord, dans un premier temps, je pense que c'est ça. Dans un premier temps, c'est déchoir. Aujourd'hui, les choses sont en train de changer mais il y a toujours des préjugés. D'abord les gens de cinéma répugnent un petit peu à faire de la télévision et lorsqu'ils changent d'avis, qu'ils acceptent, ils déchoient aux yeux des gens de la télévision. Ils sont donc mis dans des conditions de production où on dit : merde, vous n'allez pas faire votre cirque d'auteur, faites dix minutes par jour ! Donc il y a un cercle vicieux…

VAN EFFENTERRE. On oublie une chose, c'est qu'il y a une volonté, à la direction des chaînes, d'empêcher des gens comme nous de rentrer. Ce n'est pas forcément au niveau politique que ça se passe, mais c'est simplement au niveau d'un professionnalisme du travail. Quand Eduardo dit : on n'a pas de techniciens qui ont ces exigences, moi je dis : les gens qui ont ces exigences au niveau des techniciens ne rentrent pas à la télé.

KANÉ. Ce n'est pas vrai qu'Eduardo, Luc, toi et moi, nous puissions dire que nous n'avons pas envie de travailler à la télévision. Je dis qu'aujourd'hui si on se met à dire qu'on a envie de travailler et qu'on rentre à la télé, on est pris.

TOUBIANA. Symboliquement, le nom de l'auteur en prend un sacré coup. Est-ce que tu connais l'auteur d'*Holocauste ?* C'est un certain Chomsky. C'est anonyme.

VAN EFFENTERRE. J'ai vécu en Suisse où les types travaillent tout le temps au cinéma et à la télévision. Un type comme Goretta fait une dramatique chaque année à la télé.

138

TOUBIANA. Ce qui permet d'avoir un nom, d'avoir une signature.

VAN EFFENTERRE. Tanner et Soutter font des matches de foot-ball à la télé.

DANEY. Syberberg va avoir une émission à la télévision autrichienne.

TOUBIANA. Chez ces gens, il y a un petit culot qui fonctionne. Ils savent qu'il faut 5 % pour la recherche. Ce raisonnement qui est évident dans un capitalisme qui fonctionne, à savoir mettre un peu d'argent dans du non-profit, en France, ça ne se fait pas.

VAN EFFENTERRE. Je suis prêt demain à travailler sur des feuilletons, même un scénario que l'on me donnera et sur lequel on me laissera travailler. C'est ça qu'on ne veut pas. Les exigences que je peux avoir par rapport au récit, par rapport à la fiction, ne sont pas comprises par le public. C'est en gros ça qu'ils vont me dire. Mais ce n'est pas vrai. Dès que tu ne fais pas la soupe, on ne veut pas de toi.

KANÉ. On va te dire : tes normes de production ne sont pas celles de la télé.

Encombrant, l'auteur

BÉRAUD. Mais en fait, on peut s'y adapter. Même les huit minutes, on doit pouvoir y arriver, il n'y a pas de raison. Seulement, on nous plaque des désirs d'auteur et à la télévision, il ne faut pas d'auteurs.

DANEY. Vous ne croyez pas que l'on est tous responsables, y compris les revues de cinéma (les *Cahiers*, etc.), par cette pratique systématique de l'entretien, des propos d'auteur, d'avoir créé cette sorte d'inflation ? Là où finalement les gens sont prêts à dire : la commande, oui, ça nous intéresse, on en rêve tous. Est-ce qu'il n'y a pas une sorte de décalage pénible – nous, on le sait parce que ça s'est créé un peu aux

Cahiers et que maintenant, on commence à prendre du recul.

KANÉ. On a parlé de deux choses très importantes. Il me semblait que j'avais essayé de montrer comment fonctionnaient les rapports à la télévision et toi, tu as parlé de la politique de la télévision. Et ce sont deux choses un peu différentes. C'est vrai qu'il faudrait qu'on mette la politique de la télévision sur la sellette.

DE GREGORIO. C'est un autre débat.

(*Cahiers du cinéma* n° 305, novembre 1979)

Le cru et le cuit

par Serge Daney

Pour le cinéma français, les années 70 auront été la décennie *post* par excellence, post-Nouvelle Vague, post-68, post-moderne. Pas de lame de fond, de mouvement, d'école : presque un désert esthétique. On ne sait pas en quoi cette décennie regarde déjà vers les années 80. On saura plus tard ce qu'elle y aura préfiguré. En attendant, il faut hasarder une description : ni à froid, ni à chaud : à tiède.

Des auteurs, oui, mais lesquels ?

Il y a pourtant une chose peu niable : le cinéma français est *unique*, il ne ressemble à aucun autre. Certains (et non des moindres : Rohmer, Moullet) disent qu'il est le meilleur du monde. Comme si c'était en France que le vieux septième art, le cinéma-art-du-vingtième-siècle, reculait encore le moins, ou le moins vite ; en France que se poursuivait obstinément le dialogue entre art et industrie (pour parler comme Malraux), entre « culture et capital » (pour parler comme Musil, qui n'était pas français mais qui a écrit –

on le sait trop peu – des critiques de cinéma). Cette spé-
cificité du cinéma français tient en un mot : il s'agit d'un
cinéma d'auteurs, riche de toutes les connotations littéraires
de ce mot : auteur. La fameuse politique du même nom n'y
est pas née par hasard et elle a fini par triompher, au point
de recouvrir d'un seul mot ce que ceux de « metteur en
scène », « réalisateur » ou même « producteur » maintenaient
séparé. Du coup, on ne sait plus très bien ce que cela veut
dire, auteur.

S'il y eut crise, après 68, ce fut celle de l'*autre* cinéma, le
cinéma de masse et de série, celui des producteurs tradi-
tionnels dont beaucoup avaient été – on l'oublie trop –
de l'aventure de la Nouvelle Vague à ses débuts. Face à cette
situation (la disparition du dialogue, même orageux, entre
auteur et producteur), les cinéastes ont été amenés
(contraints ?) à être *tout* pour leurs films. A pu se dire auteur,
au cours de cette décennie, celui ou celle qui, à force de
calcul et de ténacité, d'égocentrisme aussi, faisait en sorte
que son film, simplement, existe – et qu'éventuellement
il soit vu. Pour cela, il lui a fallu être partout : en amont
et en aval du film, producteur, réalisateur, promoteur, mais
aussi bateleur, financier, économe. Beaucoup y ont usé leur
santé ou y ont dilapidé leur talent : combien de premiers
films « pas intéressants » (le mot-mana des années 70)
non suivis d'un second, de seconds films « pas intéressants »
non suivis d'un troisième ! Les plus coriaces, les plus fous
(de cinéma) seuls ont tenu : le cinéma est une jungle. C'est
qu'être tout pour son film, c'est un peu trop. Pire : ce n'est
jamais un gage que le film, lui, sera personnel et qu'au
niveau de la « mise en scène » il y aura une pensée originale
du cinéma. C'est pourquoi il ne suffit plus de parler de
« cinéma d'auteur », en bien ou en mal, il faut dire comment les auteurs, pour la plupart issus de la Nouvelle Vague
ou marqués par elle, ont traversé cette décennie-*post*. En

gros, il faudrait expliquer ceci : *une politique des auteurs qui triomphe dans un système où les producteurs n'ont plus de politique transforme les auteurs en producteurs*. Plus exactement, en *petits* producteurs. La « production », au sens large, est donc l'idée forte de la décennie.

Ceux qui ont ressemblé à leur temps

Vers le milieu des années 70, dans une émission de télévision, Godard essaie de faire chanter une femme de ménage. Il aimerait qu'elle dise une phrase oubliée de l'*Internationale* : « *producteurs, sauvez-vous vous-même* ». Cette phrase résume, en la politisant, la question alors posée aux cinéastes par la crise du cinéma moyen. Et ceux qui ont le mieux traversé le désert de ces années sans joie sont ceux qui se sont affirmés – ou confirmés – comme auteurs en « se sauvant » comme producteurs. Prenons trois cinéastes aussi différents que Godard, Vecchiali, Rohmer : ils n'ont jamais cessé de tourner ; mieux : ils n'ont jamais cessé d'*expérimenter*. Luxe inouï à un moment où d'autres, plus dépendants de la production classique, se sont trouvés bloqués, entravés dans leur travail. Face à un système où ils ne trouvent plus à quoi se mesurer (est-ce qu'on se mesure à l'Avance sur Recettes ? pas vraiment : on l'espère, on la subit), ils ont su constituer leur propre machine de production ou, comme dit Rivette dans ce numéro, leur « micro-système ». Une machine à produire un film mais surtout à produire la possibilité d'un autre film, après. Une machine à reproduire. L'idée de *série* a hanté nostalgiquement cette décennie vouée à l'affolement des prototypes, des « coups » sans lendemain. Ces micro-systèmes se sont appelés Sonimage, Diagonale, les Films du Losange, d'autres encore. S'y est condensé, sous une forme souvent parodique, tout ce qui *fait* depuis toujours le cinéma, ce dont il est tissé : le temps qui passe, les affects

143

violents, les flux d'argent, les rapports de force, les dispo-sitifs érotiques. Godard, Vecchiali, Rohmer – ces trois noms ont ici valeur d'emblèmes – ont été tentés par l'entreprise familiale, ils ont parasité le système (sans pour autant le res-pecter), ils ont pensé « small is beautiful », ils ont été, pour reprendre la belle expression de Deleuze, « très peuplés à l'intérieur d'eux-mêmes ». Il le fallait bien puisque le cinéma moyen, celui du *mainstream,* de la qualité-France et du show-business, était alors singulièrement désert (cela change). Dans ces micro-systèmes qui sont aussi des mini-Majors de rêve, il y a eu *tout* le cinéma : une fabuleuse mémoire cinéphilique, des fausses stars (chez Vecchiali), de faux figu-rants (chez Godard), des économies de guerre, le sens de la gestion et, *last but not least,* l'amour de l'argent. Leur force, à ce moment-là a été d'aimer le « négoce », fût-il petit, de ne pas dépendre mécaniquement des lois d'un marché qui avait rétréci.

Je citais, parce qu'ils sont exemplaires, Godard, Vecchiali, Rohmer. J'aurais pu dire : Truffaut, Duras, Moullet, Straub, même Garrel. Truffaut parce qu'il a su loger les Films du Carrosse entre la France et les U.S.A, Duras parce qu'elle a su être double, Garrel parce qu'au sein d'un degré zéro de l'économie, il a su durer. Ce qui caractérise ces machines si différentes les unes des autres, ce n'est pas leur taille (en général, elles sont petites), c'est qu'elles permettent des *écarts.* Passer d'un budget à un autre, d'une durée à une autre, d'une expérience à une autre : encore un luxe. Exemples : Godard, après 68, tourne le dos à sa carrière pour suivre son époque jusque dans ses impasses (le cinéma militant et sa critique, la télévision et sa critique), Vecchiali se permet d'ajouter un vrai film à caractère pornographique *(Change pas de main)* à son œuvre, Rohmer peut faire alter-ner sans déchoir (c'est tout le contraire) un grand film et un petit *(Perceval* et *La Femme de l'aviateur),* etc. Ce qui compte, c'est moins le contenu ou les partis pris formels de ces films que la plasticité de la machine qui les a produits. Face à la loi nue du Capital qui veut que qui n'avance pas recule et que qui avance trop vite tombe de haut (loi dont tout indique qu'elle revient en force dans le cinéma français des années 80, menaçant des cinéastes plus jeunes comme Jacquot ou Téchiné), il s'est trouvé une poignée d'auteurs pour travailler à des vitesses variables. Luxe inouï (même s'il s'agit de films pauvres : car il y a du dandysme chez eux, chez Moullet par exemple). Parce que la vraie richesse, c'est le *temps*, le temps dont un artiste a besoin pour travailler une matière, pour accumuler de l'expérience. Mais alors, que dire de ceux qui ont été moins tentés (ou tout à fait incapables) de créer leur propre machine de production ? Il est bien évident que Demy, Pialat, Rozier, Eustache ou Resnais ne sont pas – peu s'en faut – des auteurs de films moins importants. Mais il est sûr qu'ils ont moins bien traversé la décennie : ils ont moins travaillé, moins expérimenté qu'ils l'auraient souhaité – et ils en ont sans doute souffert. C'est ce qui leur a permis d'exprimer leur temps avec acuité, toutes les fois qu'ils l'ont rencontré *(La Maman et la putain, Nous ne vieillirons pas ensemble* : la rencontre se fait de plein fouet, elle est inoubliable). Ils ont radiographié leur temps, mais ils ne lui ont pas ressemblé. Nuance.

Car enfin, cette décennie-*post* et désenchantée n'a pas été faite de n'importe quoi. Il y a eu 68, des croyances, des discours, des utopies : la société française a été ébranlée.

Souvenez-vous : la fin de la militante et le début du féminisme, le succès de l'idée minoritaire (sur l'air, aujourd'hui ranci, de « *nous sommes tous des…* »), la valorisation du local, du *hic et nunc*, du « sur le tas ». Les micro-systèmes de cinéma sont bien à l'image de ces années post-gauchistes : les petites machines (désirantes), les résistances têtues (et dispersées), le travail divisé autrement (entre homme et femme, manuel et intellectuel), ce ne sont pas dans les récupérations tardives et bien-pensantes du cinéma moyen que cela se trouve (de Boisset à la « fiction de gauche » en passant par les fictions sociologico-naturalistes), mais bien chez ces auteurs-machines qui, pendant quelques années, ont su ressembler à leur temps.

Et au cinéma français, tel qu'en lui-même...

Les micro-systèmes des années 70 font un cinéma petit (hexagonal, étriqué, inexportable, trop français, etc.) : on l'a dit. Oui, mais qui a beaucoup de *goût*. Je ne sais pas si le cinéma français est le meilleur du monde, je sais que la cuisine française est la meilleure du monde, je sais aussi – syllogisme imparable – qu'il y a une *cuisine* du cinéma français. Et qui ne date pas d'hier. Regardez Méliès, que fait-il ? Pas seulement des tours de cartes ou des passions colorées au pochoir, il filme le procès de Dreyfus, *il reconstitue l'événement à vif* avec un acteur qui joue comme Mounet-Sully ! Tout est là, d'emblée, dans le geste de Méliès. Moins dans l'opposition fameuse à Lumière que dans la présence d'effets-Lumière chez Méliès et vice versa, dans ce mixte unique d'actualité brûlante et de code froid. Par la suite, il y eut toujours chez les auteurs français cette façon de maintenir ensemble, disjoints, c'est-à-dire unis et séparés, ce que les cinémas des autres pays ont soit uni, soit séparé. Entre le document et le fictif, le brut et le codé, l'aléa et le dispositif, bref entre le *cru* et le *cuit*, il y a toujours eu court-circuit, raccourci saisissant, impureté. Le cru est vite cruel, obscène, sadique ; le cuit est vite trop cuit, brûlé, pervers – mais il n'y a pas de juste milieu. Godard disait récemment *(Cahiers*, n° 300) qu'il trouvait « que le cinéma américain moyen est infiniment supérieur au cinéma français moyen ».

Mais justement, il s'agit de cinéma moyen. On pourrait retourner la proposition : le cinéma français non-moyen est en général supérieur au cinéma américain non-moyen. Il en a peut-être toujours été ainsi et à la limite, il se peut que la seule tradition du cinéma français réside dans sa *modernité*, sa capacité à loger des expériences singulières dans un cadre industriel et commercial, « normal ». Modernité : les grands films français sont toujours plus ou moins *des documentaires sur l'état du matériau à filmer*, toujours une opération en deux temps, dialectique. D'où qu'aujourd'hui, le cinéma français apparaisse mieux armé que d'autres pour affronter l'avenir tout en restant le lieu d'un travail esthétique.

Car il y a deux visages du cinéma français : il est biface. Il y a eu, d'une part, un prodigieux cinéma d'*acteurs*, ce cinéma dit du « samedi soir », à peu près mort aujourd'hui et dont le fantôme n'a cessé de hanter les années 70 (chez Vecchiali, Mocky, chez Truffaut). Et il y a eu, d'autre part, un certain nombre d'expériences hérétiques menées par des « auteurs » qui l'étaient souvent à double titre (Pagnol, Guitry, Cocteau, Renoir, Duras sont *aussi* écrivains) et qui partagent cette idée fondamentale qu'il ne faut pas « adapter » l'écrit à l'image, mais jouer au contraire de leur hétérogénéité. Si bien qu'étudier les auteurs du cinéma français, les microsystèmes frileux des arides années 70, le boom des années 60 (la Nouvelle Vague), les grands modernes de l'après-guerre (Bresson, Tati), les modernes de toujours (Renoir), c'est repérer à chaque fois la ligne de partage qu'ils font passer entre ce qui est, pour eux, le cru et le cuit, le non-cinéma et le cinéma, *une matière brute et un dispositif retors*.

Cette ligne qui ne passe jamais au même endroit rencontre immanquablement ce fait que depuis cinquante ans le cinéma est parlant. Et même bavard. Les auteurs du cinéma français ont ceci en commun d'avoir travaillé l'image et d'avoir été travaillés par la *parole*. C'est par là qu'ils ont changé le cinéma, qu'ils l'ont modernisé. Le corps évidé du « modèle » bressonien, les « écrits » en voix off de Duras, le délire du trop-de-discours chez Pagnol, les borborygmes de Tati-Hulot, le redoublement des récits chez Eustache, le vent dans les feuillages de Straub, Godard qui bégaie devant des enfants qui babillent, le *Sprechgesang* des petits-bourgeois de Demy, les idiolectes de Pialat et les sociolectes de Rohmer, la récitation des statistiques par Moullet, le lâcher-tout contrôle de l'improvisation chez Rivette ou Vecchiali, Rouch en sorcier blanc, tout cela – toute cette matière brute et inconnue – *fait du bruit*. Un bruit qu'il s'agit, pour filer la métaphore culinaire, de ne pas réduire. On reproche souvent aux critiques français de ne pas aimer le cinéma de leur pays, d'être snobs à son égard, de le mésestimer. L'ennuyeux, c'est que ce reproche vient presque toujours de ceux qui pensent aussi que le cinéma français est trop statistique, trop littéraire, pas assez construit, etc. Alors que c'est tout cela qui est unique (et aimable) : sa passion de la langue, sa légèreté et son moralisme, ses digressions et le noir narcissisme de ses auteurs.

SERGE DANEY
(*Cahiers du cinéma* n° 323-324, mai 1981)

Le retour des pères prodigues

Mon oncle d'Amérique

par Jean-Pierre Oudart

Le film d'Alain Resnais, je ne sais au juste quoi en penser, mais au moins qu'il agite beaucoup de choses touchant à une question qu'on n'ose plus se poser : *qu'est-ce qu'être français ?* Et qu'il fait persister, contre des préjugés, des irritations, de l'ennui aussi (à cause de ce bizarre mixage de fiction sociologique, de thèse scientifique, d'inserts d'ancien cinéma), un pouvoir d'imagination tout à fait disproportionné à ce scénario : rien, de ce tableau de société plutôt sombre, de cette « leçon d'histoire » pessimiste et de cette comédie à la française, ne prend vraiment. Le pouvoir du film est ailleurs. Il ne se joue pas exactement dans un « contenu » (de scénario, encore moins de thèse), mais dans les espaces et les durées qu'il invente, entre ce scénario à intrications et à parallèles, et une distance qui semble le filmer comme de la *science fiction*. Mais dans une peur, un ciel de plomb que la science-fiction ne connaît guère. Ce scénario déplace en lui toute une époque de limbes, des masses d'images, de latences, de silences oppressants, dans une étrange machine de cinéma qui filme une humanité encore

très familière, mais qui déjà ne ressemble plus qu'à l'horreur de son avenir, dans la projection rétroactive d'un passé
affluant dans ces images grises, ces photographies.

Cadrer ce film à distance de constat sociologique (la crise
des cadres dans cette phase de mutation du capitalisme)
serait aussi insuffisant que de le réduire à sa moralité scientifique (nos comportements de concurrence et de domination ruinent la santé). S'il ressemble, encore une fois, à
de la science-fiction, c'est par son pouvoir de démontrer (je
ne vois pas en lui d'autre leçon), dans un scénario de société
contemporaine, que ses constructions d'espaces et de durées
sont capables de donner à imaginer un temps et une géo-
graphie qui peut représenter, avec cet horizon muré et ce
passé gris, un monde surtout très lacunaire, une déshérence
sur quoi pèse l'horreur des limbes, du passé, de l'avenir,
que font à cette humanité une histoire aujourd'hui *inimaginable*.

La Mauvaise Mère Amérique

Que l'histoire en France soit aujourd'hui inimaginable,
quantité de scénarios réels le démontrent, et les discours
politiques le confirment. Les media transforment tout un
chacun en émetteurs-récepteurs de partout et de nulle part,
et néanmoins satellisés par l'Etat. La culture néo-populiste,
qui forge ses armes dans la publicité, n'emprunte plus aux
images que leur pouvoir mimétique. A l'occasion, elle
arrange des tableaux « historiques » qui redoublent le délire
transhistorique de l'Etat. Vous êtes nés comédiens à l'époque
de Louis XIV, notables sous la IIIe République. Avec un
peu de chance, vous pouvez même naître en musique, au
temps de Mozart. Dans tout cela se profile *l'impératif de ressembler à quelque chose*, de faire foule sur des fantômes d'histoire de France, dans un théâtre culturel fantoche. Et surtout,

sachez bien, c'est l'argument massif de ce néo-populisme, que si vous souffrez de troubles d'identité, c'est la faute de l'Amérique. Il convient donc de trancher une incertaine dissemblance d'avec cette chose-là, c'est-à-dire d'arrêter ce par quoi, dans une époque d'identité incertaine dans le social, l'afflux des images, des scénarios empruntés à l'Amérique, suscite de tourbillon. Cela, cette « chora » où tourbillonnent, se défont et s'irradient des identités fragmentaires, des hybridités, c'est ce qui, dans le cinéma et les media, en France, dans cette culture néo-populiste, ne doit absolument pas avoir son lieu. Son lieu multiple, elle l'a tout de même ailleurs. D'où ce fantasme, manipulé par les politiques, réactivé par les media et cette nouvelle culture, selon quoi l'Amérique nous vampirise. C'est une Mauvaise Mère, il faut s'en expulser, l'abjecter. Par un contrôle renforcé des inventions culturelles, et surtout des flux monétaires, puisque toute fuite, selon ce fantasme, ne peut que renforcer l'influence du vampire.

Quelqu'un, dans *Mon Oncle d'Amérique* (le titre fait allusion à un personnage obscur dont on ne sait s'il est mort, là-bas, riche ou misérable), dit : « *l'Amérique n'existe pas* ». Il ajoute : « *d'ailleurs, j'y ai vécu* ». C'est le nouveau cadre industriel. Pas exactement un cynique, c'est un obsédé du pouvoir de l'argent. Il n'a aucune distance, malgré sa nonchalance feinte, à ce qui lui permet de vérifier coup après coup, dans une compulsion féroce et mortifère, le prestige et le pouvoir que lui confère cette chose étrange. En Amérique, l'argent sert encore à imaginer, à inventer, et voyage encore sur la durée de ces inventions. Il sert encore à créer des choses et des personnes. C'est un semen, un mana. Autre chose donc que l'obscène d'une comptabilité et qu'un « fétiche ».

L'Est à venir

L'Amérique est tout à fait absente du film de Resnais, absente lourdement. L'horreur de ses limbes, c'est encore la barbarie néo-capitaliste dont la faute revient à l'Amérique. Le seul personnage en qui quelque chose de l'Amérique pourrait être imaginable autrement que réactivement, c'est Janine Garnier. Mais c'est aussi, dans sa fuite perpétuelle en avant, une femme qui, plus le film avance dans le vide devant elle, se met à ressembler à la photographie de *L'Homme de Marbre*, à *Krystyna* Janda dont Godard disait qu'elle jouait « *comme dans un mauvais rêve d'Octobre* », et que c'étaient « *les aventures de Janet Leigh dans l'ancienne propriété privée de Joe Staline* ». Je crois que s'il n'y avait pas, dans le film de Resnais, cette femme qui s'obstine à avancer dans un autre mauvais rêve, avec un reste d'utopie communautaire, ce luxe d'un travail autrefois partagé, au théâtre, et surtout son savoir sur la mort et son exigence de vérité, s'il n'y avait pas en elle ce reste de violence qui excède, chez les hommes qu'elle rencontre, le théâtre figé de leurs passions, de leurs enfermements et de leurs préjugés, nous serions déjà, dans *Mon Oncle d'Amérique*, du côté de l'Est, chez des gestionnaires de démocraties populaires. Janine Garnier, dans sa folle exigence de vérité, est ce personnage qui nous dit que ces cadres français, catholiques, provinciaux, en mal de pater-maternage, sont les piliers de notre Est à venir. « *Cessez de jouer la comédie* », dit-elle à René Ragueneau, quand il revendique, auprès du néo-cadre, le privilège paternaliste du temps des anciens. Il apprend à ses dépens que son monde n'existe plus, elle, avec son masque parfait, tragique, lui dit que l'horreur est là, et qu'il faut s'en accommoder pour survivre.

Ce n'est pas explicite, mais il souffle dans ce film un certain vent d'horreur de l'Ouest qui déjà, pense à s'amortir dans des vœux, des espoirs, des images qui nous viennent de l'Est. Dans l'imagination commune des Français, c'est à l'Est, et nulle part ailleurs, qu'existent des populations tranquilles, patermaternées, bien assises en haut et gentiment humoristiques en bas. Pour beaucoup, il y a sûrement un réel bonheur de vivre.

Ce qui, dans le film, rétroagit et s'anticipe, c'est un peu ce par quoi, dans cette période d'irrésolution historique qui leste le passé et l'avenir d'un tel poids (le fascisme, Vichy, les guerres civiles, etc., tout ce dont le cinéma de Resnais est hanté), la barbarie importée de l'Ouest, dans la phase de transition capitaliste commencée après la guerre, sur un territoire ravagé, dans ses structures traditionnelles et dans sa culture (autant que l'Allemagne, et bien plus que l'Italie), commence à s'*abréagir* dans des transferts d'idéaux à la mesure d'une société dont les hétérogénéités autrefois agissantes, dans des scénarios politiques de luttes de classes, ne sont absolument plus des facteurs actifs de transformation, et dans des reports d'identités territoriales où la matrice étatique encore toute-puissante ne cesse de rebaliser tous ses terrains.

Mimesis animalière burlesque

Aussi bien, cette thèse scientifique (dont je ne discuterai pas la généralité) et cet humour animalier qui viennent s'incruster dans le film, il est possible, en les dramatisant un peu et en les déminiaturisant, de leur donner un sens qui n'est pas tellement drôle. C'est un supplément de scène où les personnages ne se voient pas, mais dans lequel ils sont néanmoins visibles autrement que dans ce drame et ces limbes oppressantes, sur la portée d'un fantasme de changement du corps de cette humanité (un fantasme qui est par ailleurs l'argument de départ des films de science-

155

fiction), par rapport à quoi ils font figure de revenants d'un autre âge. Il y a dans ce film au moins deux films, mal mixés, une greffe qui ne prend pas, mais qui tient tout de même à une nécessité. Ce scénario, qui est assez proche de Pialat, par exemple (il ne s'agit plus de passer son bac, mais des caps tous aussi difficiles), Resnais l'a voulu transposé dans un film qui concurrence le cinéma français ordinaire (sociologique, de gauche, populiste) sur son terrain. Un terrain qui n'est pas le sien, parce qu'intimement, Resnais est un cinéaste qui ne peut rien créer sans le relais d'un véritable travail d'écriture (Marguerite Duras pour *Hiroshima mon amour*, Jean Cayrol pour *Muriel*, de loin ses deux meilleurs films), un *scénario d'écriture* qui force son style à bouger, à inventer des volumes, des profondeurs de fiction, là où il a tendance à se tenir dans la fascination de l'effet-photographique, des repérages, des durées obsédantes. Dans *Hiroshima* (l'admirable début), les images étaient, dans leur spectralité photographique faiblement animées, celles d'un monde stupéfait, donné à voir comme les limbes d'une époque incertainement passée ou à venir de tout monde possible. Et tout cela passait, se multipliait, se divisait, sur la portée de la musique et des voix, sur leurs arguments de mémoire, d'endurance et d'oubli du temps. Dans un volume d'écoute nouveau qui faisait vaciller et vibrer cette spectralité et ces durées.

Dans *Mon Oncle d'Amérique*, à cause de cette absence de facteur esthétique (et pas seulement), d'*indifférence*, j'ai le sentiment pénible d'être coincé entre ce scénario et ces limbes également pesants, et cette avant-scène, l'avant-corps de sens de cette *mimesis* animale burlesque. Comme si les personnages avaient rappliqué en masse dans quelque chose qui ressemble à un dessin animé ou à un documentaire des pays de l'Est ! Un corps de sens moralisé, infantilisé, amnésique, une humanité saisie, enkystée dans cette prescription mimétique. Un rassemblement de ressemblances qui est tout l'idéal de la culture néo-populiste. Une sorte d'énorme lapsus, au prix de quoi le film voudrait rassurer son public ? Je ne sais pas.

Reste la machine du film, ses espaces, ses durées et ses personnages qui apportent avec eux autre chose que leurs destinées individuelles. René Ragueneau déplace avec lui, de la campagne à ville, de l'entreprise patriarcale au néo-capitalisme, une population rurale qui ne cesse d'émigrer, des habitudes, des croyances, des préjugés que le film heurte, effondre, mais surtout distribue dans une pluralité de situations qui font qu'à chaque fois, ce n'est pas un type social, une position de classe, ni tout à fait un acquis, ou un mémoire, qui se confirment, mais une étoffe plus subtile. Il n'est pas le même, par exemple, quand il parle au jeune qu'il embauche et à ses patrons. Il n'est pas assez loin de son origine, de son enfance, pour être identique à sa fonction. Il est tantôt trop proche d'un reste de fraternité, tantôt trop pris dans un impératif d'obéissance, et en même temps, il s'en veut, il voudrait se rebeller. Et aussi, comme tous les autres, il n'a aucune faculté de se retirer dans un silence, une solitude. Il est trop peuplé, il est incapable de se dépeupler de lui-même.

Chaque personnage, dans la durée du film, finit par ressembler à ces *récits interminables* qu'on mène sur des gens pour qui on éprouve des sentiments mêlés d'affection, de haine, de souci, d'incompréhension, mais en qui persiste ce qui fait le prix d'une humanité singulière. Je n'arrive pas à me désintéresser de ces personnages dont aucun ne m'a pleinement habité, séduit ou enthousiasmé, à proportion de ce qu'ils portent en eux, non pas tant de sentiments, de désirs ni de traits typiques, que de *virtualités inespérées* où se représente pour moi, nécessairement, quelque chose qui tient, plus qu'à une probable identité ou à un affect raisonnable, à cette identité incertaine qui les délègue encore, hors d'eux-mêmes, hors de ce scénario, vers un reste, un espoir de violence et de vérité particulière.

Le travail généalogique de construction de ces personnages, d'une profondeur historique, étoffe affectée d'une durée, d'une endurance dans le temps et dans l'espace du scénario qu'ils traversent, c'est un peu ici le « négatif » des constructions labyrinthiques de l'ancien cinéma. Négatif en ce sens que l'épreuve du labyrinthe devient le facteur d'irrésolution du scénario. Il n'y a plus d'issues, il n'y a que des murs qui se déplacent, et aussi bien, l'impossibilité d'être dans ces murs, comme on dirait dans ses meubles, ou dans sa peau.

Cet homme de media provincial, arriviste, cet écrivain raté qui finit dans la politique, Jean Le Gall, n'habite pas un vaudeville à trois, entre Janine et sa femme, il n'habite pas son être de classe, son déterminisme, sa position, sa situation. Il y a quelque chose en lui d'Octave, dans *La Règle du Jeu*, et du vice-consul d'*India Song*. Il erre, dans un paysage mouvant, une île minuscule qui, avec le temps, s'est aggrandie aux proportions d'un désert, partagé entre cette actrice, moderne, gaie, qu'il aimerait aimer, et sa femme, qui pour moi vient d'un film d'Hitchcook, dont il ne désire et ne sait peut-être plus rien sinon qu'elle arrête en lui une déshérence, le fait d'arriver quelque part, peut-être même écrire, et aussi bien, formule, dans son chantage à mort exercé sur l'autre femme, une part de sa vérité à lui. Arlette Le Gall est le personnage du film à vouloir absolument quelque chose, et sait le moyen de l'obtenir. Lui, il est perdu dans le cours incertain du temps, entre cette île de l'enfance, du grand'père, et ces foyers déserts, cet appartement et cette villa où aucune famille n'est imaginable. Et cette femme terriblement fidèle, criminelle, est toujours là, elle ne bouge pas. Cette déshérence et cet enfer « bourgeois », dont le scénario accroche au passage quelques vérités brûlantes sur le couple, sur l'art, voire même la politique, n'est pas de la critique sociologique.

Le film fait parfois advenir ces êtres singuliers avec la force d'étrangeté de fragments de vérités déniées, il les voue à effectuer en nous-mêmes une *spectrographie* qui nous fait ressembler à ces quantités de velléités, de constructions symboliques, de territoires qu'ils déplacent en eux, dans leur identité incertaine. Ils nous font ressembler un peu au temps qu'il a fallu pour composer la nôtre.

Parole vraie sur situation fausse

Je pensais n'avoir rien à dire des inserts de films français anciens, d'ailleurs très beaux, qui viennent amortir la dureté des situations et doubler assez bêtement la *mimesis* animalière. Mais, étrangement aussi, ils évoquent, à cause de leur dramaturgie et leur légère emphase théâtrale, ce qui reste pour moi le cinéma des « premiers temps » (les films français, je les ai découverts beaucoup plus tard, et d'abord culturellement), les films américains qui sont arrivés en France après la guerre, et qui ont représenté, pour la génération de mes parents, un retour de festivité d'avant cette guerre. Je ressens leur absence comme injuste historiquement, non pas invraisemblable mais injuste, et procédant d'un calcul de chauvinisme qui vise quelque chose de très profond, dans ce que le film sélectionne d'affects, chez ses spectateurs. Et si ce film était à revoir, et à réécouter selon cette hypothèse, que si les personnages de *Mon Oncle d'Amérique* ne se voient, se rêvent ou se délirent que dans des images de films français, c'est aussi parce que ces images, qui leur parlent selon leur langue maternelle, ne font pas, comme l'auraient fait des images de films américains, trou dans la langue de l'autre, dans leur écoute ? Comme s'il y avait, dans l'esthétique de ce film, le calcul probable d'un *supplément de surdité*. On est très loin de *Playtime*.

Comme si l'empire de ces limbes et son silence lourd exigeaient aussi que ce scénario de société française soit saisi dans la toute-écoute d'une seule langue, partagée entre la parole du scientifique, Henri Laborit, et celle de ces personnages en souffrance perpétuelle de vérité et de mensonge. Si on s'ennuie, si on est oppressé, si on résiste au film, ce n'est bien sûr pas parce qu'on n'a pas le loisir d'y écouter de la musique, mais parce qu'on n'est jamais mis dans la position d'être décentré du lieu horrible où le dire point. C'est effrayant, d'être ainsi soumis, sans échappatoire possible dans ce scénario, à l'épreuve de la vérité et du mensonge, avec juste un peu de babil scientifique pour s'en distraire. Mais n'est-ce pas le sujet même du film, et l'argument le plus intime de sa francéité ? Il n'y est plus question en effet que d'être ou de ne pas être authentiquement ce qu'on voudrait être, ou que l'autre soit : un cadre efficace et juste, une vraie femme, une vraie mère, un vrai mari, un véritable amant, etc. Et bien sûr, à cette tâche impossible, tout le monde faillit. Est-ce qu'elle ne gît pas là, l'oppression de la langue-mère, dans l'impossibilité de la faire agir (travailler, musiquer) à autre chose qu'escompter, en vain, de ces personnages, une parole vraie qui réglerait ses comptes à une situation fausse ? Est-ce qu'il n'y a pas, dans ce film, un spectre de dictature et de terreur de la langue qui tient à son usage exclusif à des fins d'authentification impossible de personnages à l'identité incertaine, voués par cette fiction (d'amour, de pouvoir, d'idéal) à des situations fausses dont la faute est aussi toujours imputable à quelqu'un d'autre (les parents, la société, le capital). L'usage de la langue, dans ce film n'est qu'accusateur (c'est la faute à X, si…) parce qu'il n'est aussi que dicté par une « conscience malheureuse » dénégatrice (ce n'est pas sa faute, c'est la faute à Y...) qui cherche vainement une sorte de conciliation posthume (tout cela aurait pu s'arranger si...). Il en résulte un film irrespirable. Mais ce *scénario langagier* qui a charge d'authentifier, d'accuser et d'absoudre, c'est-à-dire finalement d'unifier ces consciences malheureuses, c'est très exactement ce qui fait tenir ce scénario de société dans le « complexe » exclusif de sa francéité.

JEAN-PIERRE OUDART
(*Cahiers du cinéma* n° 314, juillet-août 1980)

Claude Chabrol :
l'homme centre

par Jean-Claude Biette

Les cinéastes français impriment à leurs films une marque
particulière. Ça peut être un style, une écriture, une thématique, une problématique, une philosophie de la vie, une
humeur, un ton, un humour, une logique, etc., c'est le plus
souvent, aussi vaste soit-il, un particularisme. Je parle ici de
ceux dans lesquels on peut observer une fusion harmonieuse
entre une certaine conception globale du cinéma et le terrain limité sur lequel cette conception trouve à s'exercer.
Et c'est, je crois, cette somme de particularismes qui constitue la richesse et la caractéristique du cinéma français. Ainsi
peut-on dire que la force du cinéma français est de ne pas
avoir – contrairement au cinéma américain – de centre.
Certes le cinéma « commercial » français, de consommation courante, peut prétendre à représenter ce centre, mais
c'est un centre trop mobile, trop fluctuant, trop soumis aux
caprices économiques, pour constituer un point de repère
fiable qu'on puisse aller observer de près. Là non plus il n'y
a pas – peut-on dire cette fois comme aux USA ? – un certain
nombre de cinéastes qui définiraient collectivement un

centre. Pourtant ce centre existe : il est représenté par un cinéaste qui, à lui seul, intègre dans ses films à la fois les drames plantés dans la France moyenne et la conception la moins particularisée du cinéma. Ce cinéaste c'est Chabrol. D'autres certes pourraient prétendre à cette place, mais ils s'y font tôt ou tard remarquer par tel particularisme idéologique, par tel noyau thématique fixe ou limitatif. Chabrol, lui, depuis *Le Beau Serge* (1957) jusqu'à ses dernières productions de télévision (autour d'Edgar Poe), accepte les conceptions narratives du moment. Il les assure sur le plan dramaturgique, non pas en jouant avec le public, mais parce qu'il croit à une vérité dramatique (qu'elle atteigne parfois au grotesque n'enlève rien ni à sa solidité ni au sérieux dramaturgique de Chabrol, c'est que la vie, là, est grotesque). Si ses scénarios témoignent d'une acceptation débonnaire de la convention, c'est à la mise en scène qu'il revient d'en désamorcer le simplisme.

Par mise en scène, j'entends, dans le cas de Chabrol, la mise en espace des actions, le jeu des acteurs, et surtout ce rythme imprévisible du récit. Quand un film de Chabrol n'est pas très bon, ce qui arrive parfois, c'est que la convention y est à la fois trop faible et trop présente, mais il y aura toujours quelques minutes, une séquence, un plan où le cinéma reprend naturellement ses droits. C'est-à-dire inscrit un peu de vérité. Le métier de Chabrol est plus que sûr. Il le met toujours au service de l'histoire qu'il raconte et des personnages au sort duquel il s'attache. Le crime et la folie sont son affaire, plus que, on l'a trop dit, la bêtise. Naturellement proche de Fritz Lang, Chabrol accompagne ses criminels et ses fous avec une attention chaleureuse qui nous permet de quitter insensiblement le domaine du légal et de la morale commune. Il n'est pas fasciné, comme Hitchcock, par l'interdit. Il a, sans se forcer, le sens du tragique de l'existence : que les personnages soient futiles ou au contraire engagés

163

dans l'amour ou le crime, l'indifférence de la vie est toujours là – sur l'écran – à les guetter dès qu'ils cèdent au vertige. Les crapules et les idiots sont aussi les bienvenus, Chabrol aime tout ce monde qui compose notre société, c'est-à-dire tout le monde – et il en aime les acteurs jusqu'aux plus absurdes contorsions – mais il arrive un moment où les fous n'ont plus de gardes et où les criminels s'exposent, c'est alors, quand soudain la société les largue, que Chabrol s'embarque avec eux. Il n'y a plus ni marges ni pleines pages, la société peut être quadrillée, les « folies bourgeoises » créent des marges autrement plus profondes. La caméra chabrolienne suit avec un air de fausse négligence le chemin qui mène de l'harmonie trompeuse du cercle de famille à la rupture définitive du lien social. C'est par une disposition musicale – précisément rythmique (les temps entre les paroles et les gestes) – des acteurs dans un plan et dans une séquence (c'est là sa force d'abstraction) que Chabrol exprime l'irrémédiable solitude humaine. Mais rien ne se voit, les particularismes ont disparu (s'en chargent au mieux, Rohmer, Rivette, Truffaut, Godard), cela prend même volontiers un air de paresse. Les films de Chabrol, qui régulièrement depuis bientôt 25 ans nous parviennent, occupent une place restée vacante : au centre. Vecchiali disait Chabrol entamé, j'ajoute : généreux.

Jean-Claude Biette
(*Cahiers du cinéma* n° 323-324, mai 1981)

Truffaut ou le juste milieu comme expérience limite

par Serge Toubiana

Le dernier entretien des *Cahiers* avec François Truffaut date de mai 1967 (n°190 de la revue), il fut publié sous le titre générique : « François Truffaut ou le juste milieu », il suivait la sortie de *Fahrenheit 451* et précédait la réalisation de *La Mariée était en noir*. Cet entretien date de treize années donc, pendant lesquelles François Truffaut a réalisé treize films (le quatorzième, *Le Dernier métro*, en cours de montage lors de l'entretien, sort ce mois-ci), les *Cahiers* publiant de leur côté treize fois dix numéros de leur série. Treize années de silence ou de non dialogue (des critiques de certains films mais pas d'entretien) qui s'explique pour notre part par les vicissitudes de la théorie, ou les tâtonnements politiques, la fuite en avant du côté de tout ce qui a constitué, dans le cinéma des années soixante-dix, des *expériences-limites* du cinéma, loin de cette recherche du « juste milieu » qui préoccupe Truffaut.

On ne va pas manquer d'interpréter ce « retour » à Truffaut comme un déni de la part des *Cahiers*, une sorte de compromis passé avec un cinéaste « installé dans le système ».

Tant pis pour ceux qui ne verront pas qu'à travers le fil de nos questions se profile l'idée que, selon nous, la recherche de cette position du « juste milieu » est peut-être aussi une « expérience-limite », de la part de quelqu'un qui fait comme si le cinéma relevait encore d'une machine flamboyante, à son apogée. Par-delà les effets de modernité dont il se méfie. Et c'est avec toute cette énergie qu'il met à faire « comme si » que Truffaut nous semble poursuivre l'héritage de ce cinéma classique, aujourd'hui, en 1967 déjà, en 1980 toujours, avant, pendant et après la période moderne de l'art cinématographique. C'est ce hiatus qui nous passionne.

Car lui, de son côté, presque obsessionnellement (la lecture de l'entretien du n° 190 le prouve par les nombreux recoupements qu'il permet avec celui que nous publions ce mois-ci), disait déjà : « *Un jour, il faudra, moi aussi, que je parle de l'occupation, que j'ai connue dans les villes, et non à la campagne* », annonçant en quelque sorte, sans le prévoir tout à fait, le projet du *Dernier métro*, a poursuivi la même orientation, articulant ses films autour de la même pierre de touche : priorité aux choix de la mise en scène sur l'affirmation d'une écriture d'auteur, classicisme obstiné au niveau formel parallèle (ou simultané avec, perpendiculaire) à une nécessité de renouveler les passions qui agitent les personnages de ses récits ou de ses fictions.

Nous avions envie d'écouter la parole de Truffaut sur le cinéma, de le faire parler des films, des siens comme de ceux des cinéastes qu'il admire, d'entendre un discours qui s'énonce à partir d'un savoir global (savoir n'est pas le bon mot, il faudrait plutôt parler de connaissance) parce qu'issu d'une approche multiforme de quelqu'un qui fut cinéphile, critique, et qui pratique depuis vingt ans, sans interruption, l'art de la mise en scène. A ces activités s'ajoute l'art de parler du cinéma, c'est-à-dire de rendre vivante, présente, cette connaissance du passé, ce plaisir (de faire) du cinéma.

Un discours sur le cinéma dont l'essence tourne autour d'une morale du métier. Comme si Truffaut s'était fixé pour tâche, vis-à-vis de lui-même et vis-à-vis du public, de ne pas détériorer l'outil de travail qu'est pour lui le cinéma (métier qui donne l'emploi du temps le plus libre et le plus agréable du monde : point commun entre Godard et lui), d'où ce respect des acteurs qu'il ne faut pas laisser en moins bon état qu'on ne les a trouvés, après le tournage d'un film ; d'où ce souci de ne pas faire perdre d'argent aux producteurs, de retrouver sa *mise* après chaque film pour en engendrer un autre ; d'où ce souci de conquérir le public à chaque coup, de le respecter *et* de l'épater en même temps, avec le cinéma.

D'où ce mélange unique peut-être d'inquiétude profonde (il sait bien *quand même* que le cinéma est malade, que les fissures craquèlent l'édifice de la machine autour de lui) et de professionnalisme, cette folie « rentrée », intérieure aux normes d'une machine qui tourne en toute quiétude. La même folie qu'on trouve chez les personnages centraux de ses films.

Serge Toubiana
(*Cahiers du cinéma*, n° 315, septembre 1980)

Rivette, Baptiste et Marie

par Alain Bergala

Dans un plan du début du *Pont du Nord*, la caméra suit Marie Lafée – Bulle Ogier dans une rue de Paris. Elle entr'ouvre la porte d'une pâtisserie et, du seuil, appelle la vendeuse : « *apportez-moi deux croissants, je ne peux pas entrer* ». Le spectateur entend que c'est l'actrice Bulle Ogier qui ne peut pas entrer dans un si petit espace avec toute l'équipe technique à ses trousses (cameraman, preneur de son, etc.) et il prend ce dialogue comme un gag amusant. Plus tard, il comprendra sa légèreté en apprenant que Marie Lafée, le personnage, vient de sortir de prison (elle a cambriolé le Crédit Lyonnais de Saint-Ouen) et qu'elle ne supporte littéralement pas d'être enfermée quelque part. Il en aura d'ailleurs à plusieurs reprises la preuve cinématographique : il suffit qu'elle entre quelques secondes dans un café ou dans un taxi pour se trouver mal. La seule fois du film où elle acceptera d'entrer dans un lieu clos pour y passer la nuit, c'est dans un petit cinéma permanent près de la République qui donne *Les Grands espaces* ; elle en sortira d'ailleurs de justesse, le lendemain matin, car le cinéma

vient de changer de programme et affiche *La Prisonnière*.
Petit à petit, cette impossibilité du personnage d'entrer
quelque part, même pour acheter des souliers, changer
de jupe ou faire pipi, devient un des sujets du film, commande à son évolution : si Marie doit rencontrer Julien dans
un hôtel, il faut bien que quelqu'un d'autre y entre pour
elle. Il lui faut donc demander ce service à Baptiste (Pascale
Ogier), qui va aussitôt se sentir investie de son rôle de « garde
du corps ». Car ce corps fragile, exposé en permanence aux
agressions extérieures, a besoin de quelqu'un qui le protège et Baptiste est une sorte de chevalier moderne, prête
à affronter au karaté tous les ennemis qui les menacent,
imaginaires ou pas, pourvu que ce soit au corps à corps,
en combat singulier.

On voit bien, à suivre ce simple premier fil du film, à quel
point il faut prendre Rivette au pied de la lettre quand il
déclare *(Cahiers* n° 327) que *c'est toujours la méthode avec
laquelle on tourne un film qui crée le vrai sujet.* Quand il entre-
prend de tourner *Le Pont du Nord*, Rivette dispose de si peu
d'argent qu'il ne lui reste plus que la solution de tourner
tout le film en extérieurs et à Paris, sans aucun plan à éclairer (on retrouve sensiblement le même principe dans *Loin
de Manhattan* de Jean-Claude Biette et dans *La Femme de
l'aviateur* de Rohmer, pour les mêmes raisons économiques).
Marie sera donc claustrophobe. Pourquoi ? Parce qu'elle
sort de prison. Le premier plan de Marie est tout trouvé :
elle entrera dans le film assise dans la benne arrière d'une
camionnette, elle a fait du stop et elle a sans doute refusé
de s'asseoir à l'intérieur de la cabine. Ce qu'on aurait pu
prendre pour une fantaisie de cinéaste se révèle dicté par
la plus pure des logiques, celle qui va de la méthode et
des conditions de tournage au sujet même du film.

C'est la même logique implacable que l'on a pu récemment
revoir à l'œuvre (au chef-d'œuvre) dans *Stromboli* de

169

Rossellini où *le tout* du sujet du film est issu directement de l'équation de départ : une star américaine + un cinéaste néo-réaliste italien.

Cette façon de concevoir un film n'est pas chose nouvelle chez Rivette. Et il a pu arriver dans un passé récent, que cette logique implacable se retourne en partie contre le devenir public du film. Je pense évidemment à *Merry-go-round* et à *Noroît*, jamais sortis en salle, et je me demande à la limite si ce n'était pas dans une logique de leur production d'évoluer vers une atmosphère tellement raréfiée qu'il devienne très problématique pour le spectateur d'y trouver encore à respirer quelque bouffée d'air venu de la terre. Ce risque, qui consiste à ne pas trop s'imposer à son film, en cours de route, mais au contraire à le laisser aller là où il a envie d'aller, où qu'il aille, serait-ce dans une direction sans issue pour le spectateur, Rivette l'assume clairement, il fait même partie de son désir de film : « *j'ai toujours envie que le film soit quelque chose qui a une vie dangereuse.* » Et c'est bien un des derniers cinéastes en France, avec Godard et Rohmer (notons au passage qu'il s'agit de trois cinéastes de la génération de la Nouvelle Vague, et pas de cinéastes plus jeunes), à prendre encore des risques après le premier jour du tournage.

Que s'est-il donc passé, avec *Le Pont du Nord*, pour que ce film, où Rivette reste pourtant rigoureusement fidèle à ses principes d'élaboration et de filmage, nous apparaisse tout à coup, à l'évidence, comme quelque chose de nouveau dans son œuvre, une ouverture assez imprévisible ? Le déjà vieux « cinéma moderne » est encore fortement présent dans *Le Pont du Nord* mais accouche d'un autre cinéma possible, d'autres corps, d'autres personnages, d'autres figures. A quel accident sommes-nous redevables du chemin pris par ce film et qui est visiblement une sortie du cercle rivettien, une sorte de renaissance ?

170

Car il est évidemment dans la logique du système rivet-tien de laisser l'accident modifier le cours du film. *Le Pont du Nord* inscrit par deux fois *à la lettre* cette vérité que Rivette compte avec l'accident pour lui révéler son film. Au cours de la deuxième journée, Marie accepte de monter dans un taxi avec Julien mais en ressort aussitôt, malade. Baptiste la rejoint et on voit au fond du plan un accident de la cir-culation, un car de police avec feu et sirène, un attroupe-ment, etc., accident qui ne doit rien à la mise en scène, mais qui s'est trouvé advenir réellement pendant le tournage et que Rivette a tenu expressément à intégrer à sa mise en scène. Autre accident : pendant le tournage de la dernière séquence du film, la caméra raye malencontreusement la pellicule et la nuit qui tombe rend un certain nombre de prises de vue à peu près inutilisables. Rivette décide d'intégrer aussi cet accident au devenir de la séquence : il fait rajou-ter deux autres traits à la rayure, qui dessinent sur l'image une croix de viseur, et termine le film sur ce dédoublement énigmatique des images. Rivette ne rejette pas l'accident comme un événement menaçant, extérieur au film ; tout accident qui survient au film fait partie du film, peut révé-ler le film à lui-même.

Je pense que l'accident majeur de ce film, qui a décidé de son destin, tient à un changement d'actrice. Reprenons l'his-toire à son début : *Le Pont du Nord* est né d'un projet de Rivette de refaire *Out One* dix ans après, en 1980, avec des acteurs de la « famille » : Bulle Ogier, Juliet Berto ou Hermine Karagheuz. Mais ces deux dernières ne sont pas libres, l'ar-gent est rare et le projet s'élimine de lui-même pour accou-cher d'un autre casting : Bulle et Pascale Ogier. « *Et avec Suzanne Schiffman*, dit Rivette, *on est partis sur les pas de ces deux personnages.* » Mais c'est là que tout se joue car si la méthode de Rivette n'a pas changé – partir sur les pas de deux personnages – ce couple Bulle Ogier-Pascale Ogier ne ressemble pas aux autres couples rivettiens. Pour une raison simple et qui crève l'écran : Pascale a beau être dans la vie la fille de Bulle Ogier, elle n'est visiblement pas de la *famille* des acteurs rivettiens. Avec ce corps et ce visage-là, elle ne sera pas le double, en plus jeune, de Bulle Ogier comme auraient pu l'être Juliet Berto ou Hermine Karagheuz. Et comme un accident comme celui-là n'arrive jamais seul, il était logique que ce bouleversement en entraîne un autre du côté des personnages masculins du film : Rivette va choisir en toute logique, un acteur de la famille, Pierre Clementi, et un acteur venu d'ailleurs, Jean-François Stevenin. Il y aura donc deux films dans *Le Pont du Nord,* un vieux « film moderne » avec Bulle Ogier-Clementi (qui est un peu le film du milieu du film) et l'embryon d'un film tout à fait nouveau pour Rivette, un film avec d'autres acteurs qui n'ont pas connu le cinéma des années 60, Pascale Ogier et Stevenin, absolument remarquables.

Parlons d'abord de Marie Lafée et de son film. Marie est tout simplement un personnage de Rivette qui aurait vieilli. Elle a vieilli comme les gens de sa génération, comme ces anciens militants qui continuent par habitude à porter des valises mais qui ne croient plus à grand-chose. On apprendra vers la fin du film que ses amis, qui portaient de beaux prénoms de terroristes (Henrik, Maria) sont tous plus ou moins morts ou disparus. Il n'y a plus tellement de lendemains qui chantent, ce qui est devenu le plus important, en guise d'avenir, c'est de tenir encore trois ou quatre jours, le temps du film. Elle ne croit plus tellement aux complots et aux machinations : « *tout ça Baptiste, ça n'existe pas, ça n'existe plus.* » Si elle n'y croit plus, d'ailleurs (et Rivette avec elle, qui filme avec de moins en moins de mystère les signes mac-guffinesques du complot), c'est qu'ils font la une de tous les journaux, elle en a une pleine sacoche. A force d'imaginer des complots et des machinations, Rivette n'a pas rattrapé cette histoire après laquelle il n'a d'ailleurs jamais couru, mais c'est elle qui a fini par le rattraper, par caricaturer ses fictions. Quand Marie, sur le pont, feuillette avec Baptiste les coupures de presse de la sacoche – où elle rencontre d'ailleurs sa propre photo et sa propre histoire – elle sent bien qu'il n'y a plus de place pour elle dans les fictions qui vont venir. Que peut devenir un personnage rivettien des années 60, quand l'affaire de Broglie, l'assassinat de Goldmann, l'enlèvement du baron Empain sont devenus l'hyperréel de nos quotidiens des années 70 ? Il ne lui reste plus qu'à mourir comme dans *Vivre sa vie*, un vieux film des années 60, après avoir porté une dernière valise, après avoir participé sans trop y croire mais en faisant semblant, à une dernière partie de jeu de l'oie. Le « grand jeu » de la politique et du complot est devenu un petit jeu de cartes à la sauvette où Julien va perdre ses deux derniers billets de cent francs. Tout est devenu plus petit, même les gens qui font leur marché. Les hommes fatals comme Julien sont devenus de petits escrocs. Il y a longtemps que Marie Lafée ne croit plus aux fées ni aux dragons, ni même, comme elle l'a appris chez Jean Renoir, qu'il puisse y avoir des chevaux tout blancs. Marie sait très bien que dans l'histoire elle a été tout bêtement flouée, Marie a froid, Marie doit disparaître après ces quatre jours où elle a refait surface : il n'y a plus de place pour un personnage comme elle dans l'après-années 70.

Parlons maintenant de Baptiste. Baptiste est dans la même image que Marie mais elle ne vient pas d'un film de Rivette. Elle viendrait plutôt d'un western ou d'un film de karaté. Elle arrive dans Paris avec sa boussole, son couteau, son armure, sa monture. Ce n'est pas au complot qu'elle croit, ni à des machinations, mais qu'on est tous repérés, surveillés, enregistrés à chaque instant, que les Max sont partout, qu'il n'y a plus que des Max. Autre temps, autre imaginaire : Marie a dû croire longtemps, qu'on pouvait répondre au réseau par le réseau, au complot par l'organisation. Baptiste ne croit qu'à la riposte individuelle et immédiate, au corps à corps. Elle n'hésite pas plus à tuer sa mobylette blessée qu'à abattre un Max qui téléphone un peu trop longtemps. Elle ne veut pas du réalisme sage de Marie et de ses chevaux gris. Baptiste n'a pas besoin de cause ni de grands sentiments, mais de quelqu'un à protéger, très physiquement (je suis garde du corps). Elle ne joue pas comme a dû le faire Marie, avec l'idée d'un complot imaginaire ; ses ennemis imaginaires elle les voit vraiment, elle y croit dur comme fer. Et Rivette aussi, qui nous montre le dragon : « *Ce n'est pas un jeu, Marie… il faut que je l'affronte pour que nous puissions arriver au trésor.* »

Car toute la surprise du film est là, et elle est heureuse, libératoire, on sort de la projection convaincu que Rivette est autant Baptiste que Marie, que son film est autant le film de Baptiste que celui de Marie. Quand Marie, le troisième jour, libère Baptiste endormie dans son cocon de toile d'araignée, quand Stevenin demande à Baptiste d'oublier Marie, Julien et Paris, on sent confusément que Rivette entrevoit lui aussi la sortie, un autre cinéma, avec d'autres corps d'acteurs, dont le film que nous sommes en train de voir serait comme l'accouchement sans aucune douleur, comme dans un rêve. Et la nécessité de dédoubler les images de la dernière séquence apparaît tout à coup d'une totale évidence.

Le film se fracture : la chrysalide d'un côté (les images avec le viseur), le nouveau film de l'autre. Une fois Marie morte de sa belle mort de personnage des années 60, Pascale Ogier et Jean-François Stevenin se reconnaissent et apprennent à s'accorder, à accorder leurs corps et leurs gestes : l'affrontement se termine en danse rituelle. Un nouveau cinéma peut commencer.

ALAIN BERGALA
(*Cahiers du cinéma* n° 333, mars 1982)

« J'vais m'marier »

(*Le Beau mariage* d'Eric Rohmer)

par Serge Daney

A l'origine, il y a un verbe. A l'homme marié qui lui faisait l'amour et qu'un coup de téléphone familial a inter-
rompu, Sabine déclare tout à trac : je vais me *marier*. Le
spectateur voit tout de suite qu'il s'agit d'un défi. Et même
d'un défi mimétique («*j'vais m'marier*», sous entendu : pourquoi pas moi ?). L'action du *Beau mariage* n'aura pas d'autre
moteur et le film part bien comme une comédie, un proverbe ou encore un *caprice*. Sauf qu'à la fin de ce jeu sans
amour et sans hasard, il n'y aura pas de « *je vois clair dans
mon cœur* ». Pas de révélation sur ce qu'il en est vraiment du
désir de Sabine, mais l'échec logique d'un caprice qui « ne
prend pas ». Rohmer, parce qu'il ne nous fait jamais croire
à la réalité de ce désir, n'a pas à nous faire « décroire ». Il
nous suffit d'ailleurs de voir le film, de regarder autour de
Sabine : rien ne lui fait signe, rien ne lui répond : un désert.
(Il y a bien le personnage de la « confidente », interprété par
Arielle Dombasle, mais il est clair qu'elle est le *mauvais génie*
de Sabine, son blond démon).
Ce n'est pas la première fois qu'un film de Rohmer produit
175

ce sentiment d'*objectivité*, si difficile à analyser. Il tient, je crois, à ceci : Rohmer filme le plus souvent des gens bavards qui parlent *sans mesure* (c'est-à-dire n'importe comment) des désirs qu'ils ont – ou qu'ils n'ont pas. Femmes libres, dandies soixante-huitards, preux médiévaux, hystériques ont ce franc-parler. Mais rien, chez les autres personnages, dans le décor, dans les ruses du scénario ou dans le « regard » de l'auteur ne vient infirmer ou authentifier ce qu'ils disent d'eux-mêmes. Il n'y a aucun écho. *Tout désir professé est, de ce fait, indécidable.* Le spectateur est alors mis dans une situation très intéressante, qui concourt beaucoup au « charme » du cinéma de Rohmer (mais « charme » au sens de « mauvais sort »). Ou bien, il fait mine d'entrer dans la fiction du désir d'un personnage (parce que lui-même désire une fiction, une histoire, « una storia » comme on en réclame dans *Passion)*. Ou bien, il se contente de regarder le film, d'en contempler la mise-en-scène et il voit bien qu'il n'est pas – mais alors pas du tout – dans un monde de désir. En termes lacaniens et pour aller vite, on peut soutenir que Rohmer est moins un cinéaste du désir que de la *demande*, la demande étant rien moins que le désir aliéné dans les rêts du discours (« *j'vais m'marier* »).

Le Beau mariage est bien une comédie mais une comédie étrange où l'on assiste – en toute connaissance de cause – à la préparation minutieuse d'un coup qui ne peut pas réussir (comme Rohmer filmait dans *Paris vu par* un personnage qui n'arrivait pas à faire le tour de la place de l'Etoile sans rater un feu rouge). Rohmer pourrait nous mettre du côté du désir de Sabine ou, au contraire, nous signifier très tôt qu'elle n'a vraiment aucune chance. Mais dans les deux cas, le spectateur perdrait son bien le plus précieux : sa liberté de jugement. Rohmer le maintient donc entre les deux, dans un *suspens* (sans e). Plus le film avance, plus Sabine se rend odieuse et, littéralement, incontournable, plus le spectateur est amené à désirer que ça marche *quand même*, que quelque chose, n'importe quoi, se passe. Il n'est laissé si libre, le spectateur, que pour être tenté, théologie chrétienne oblige. Tenté de croire à l'incroyable, d'aller contre ce qu'il voit sur l'écran. On reconnaît là le scénario puritano-hitchcockien que Rohmer a bien étudié en son temps, l'art de faire tourner une machine à vide, avec « *j'vais m'marier* » dans le rôle du MacGuffin.

A la fin du *Beau Mariage*, donc, Sabine force la porte du cabinet de l'avocat, histoire d'en avoir le cœur net. C'est un grand moment de cinéma. Car dans le registre de la comédie, Rohmer crée rien moins qu'un suspense (avec un e). Un suspense hitchcockien, à la *Rope*, qui ne porte pas sur le criminel mais sur les motivations du crime. Or le crime de l'avocat est le pire qui soit : il n'a rien fait (c'était déjà le cas de Perceval). Rien fait pour répondre aux avances de Sabine ou pour dissiper à temps le malentendu. Plus la scène avance et rebondit, plus il est clair que Rohmer invente un suspense de type nouveau. La question posée est moins : « désire-t-il Sabine *quand même* ? » que « que désire-t-il *de toute façon* ? » ou même « est-il à même de désirer *quoi que ce soit ?* ». Le suspense porte sur l'éventualité même d'*un* désir et le choix d'André Dussollier, étonnant comédien, fort de la maîtrise du langage qui protège tout juste de la trivialité des « quatre vérités », va tout à fait dans ce sens. Et de toutes les raisons qu'il aligne sans ordre pour convaincre Sabine (mais de quoi ?), il en est une qui me paraît plus vraie, plus rohmerienne que les autres. Si, contre toute attente, je ne suis pas attiré par vous, dit Dussollier en substance, c'est qu'au cas où je songerais au mariage, j'aimerais en avoir eu l'idée le premier. Sabine est piégée et le film peut se boucler. Elle est partie d'un désir mimétique (du genre « *qui vous dit que je vais rater mon mariage, moi ?* ») et elle achoppe sur un autre. Un homme la refuse parce qu'elle lui a par avance volé son rôle.

Le monde de Rohmer est ainsi. Le désir est mime, prise à la lettre, *singerie*. Souvenez-vous des débuts du « nice » Perceval (et la fameuse question au premier chevalier rencontré : « *êtes-vous Dieu ?* »). La singerie du désir entame *quelque part* l'intégrité des corps sur lesquels il se greffe. Sinon, ces corps peuplent le monde comme autant d'objets singuliers, voués à la singularité, promis à l'objectivité du regard de la caméra, au goût de Rohmer pour l'ethnologie sociale. Un désir-Mac Guffin pour un monde pervers. Un monde où le leurre du désir produit le leurre du mouvement mais où la seule jouissance – celle du Maître, celle de Dieu – est réservée au retour à la case départ et à la jouissance de ce retour. A Hitchcock, il faut donc ajouter les noms de deux grands obsessionnels : Hawks (que Rohmer aima toujours pour ses qualités sportives) et Buñuel (dont il se défia toujours à cause de son irrespect *affiché* de la religion).

Cinéaste classique, Rohmer se heurte au problème majeur du classicisme : il va de plus en plus vite (à côté du *Beau Mariage* ou de *La Femme de l'aviateur,* tous les films français semblent frappés de langueur et de piétinement narcissique) mais plus il va vite, moins il va quelque part. La morale du classicisme, si l'on veut, consiste à refuser de donner le spectacle du mime de *l'évolution* des personnages, ou de la *résolution* de la fiction. Dans une comédie, dans un proverbe, dans un film de Rohmer, la « morale » est inhérente à la situation de départ, à ses données, comme l'échec de Sabine est tout entier dans la façon dont elle s'accroche au signifiant « *j'vais m'marier* ». Un personnage rohmerien n'évolue pas, ne change pas, ne résout rien : il est à la fin du film ce qu'il était au début et il était au début ce que l'acteur était en dehors du film. C'est pourquoi, Rohmer réussit si admirablement à intégrer dans un même film acteurs chevronnés, débutants, non-acteurs et amis. Sans doute parce qu'il croit à la transcendance, il traite tout sur un seul plan d'immanence. Sa métaphysique comporte une part de physique et le tient à l'abri de tout idéalisme (en ce sens, c'est vraiment l'anti-fiction de gauche). Mais refuser l'évolution est une chose, ne pas raconter une histoire une autre. Il faut *quand même* un début et une fin.

Le monde de Rohmer, idéalement, n'évolue pas. Son œuvre, si. Il y a (heureusement) une dialectique de plus en plus serrée entre faux désirs et vraie indifférence, subjectivité leurrée et objectivité leurrante, bref : *entre théâtre et cinéma*. Ce n'est un secret pour personne, les gens de la Nouvelle Vague se sont d'abord fort méfiés du théâtre. Leur goût de la langue étant le plus fort, ils ont laissé un à un le théâtre revenir dans leur cinéma, lui donner un second souffle. Quand il a tourné *La Femme de l'aviateur*, Rohmer a parlé du désir de redescendre dans les rues de Paris, non plus pour y faire la preuve et l'épreuve du son direct, mais pour y filmer en direct des comportements théâtraux.

Car quelle histoire raconte-t-il, en fin de compte ? Celle de la lutte entre le Bien et le Mal, je crois. Une version moderne de ce vieux scénario. A sa droite, le Bien, c'est-à-dire le Cinéma (mais le cinéma dans son acceptation bazinienne : non-intervention devant un réel inconnu et aléatoire). A sa gauche, le Mal, c'est-à-dire le Théâtre (disons, le jeune public frais et bien mis des matinées classiques de la Comédie Française). Pour que le scénario fonctionne, il faut que le Mal soit tentant, il faut la perversité d'un désir *voulu*, genre « *j'vais m'marier* ». Le théâtre est le Mal parce qu'il fait mine de prêter à des personnages des désirs propres, des désirs à eux. Le théâtre est un Mal adorable parce que ce désir-là s'incarne dans des corps toujours plus jeunes, désirables, horsexe (Perceval) et hors complexes.

A un certain moment *(La Marquise d'O ?)*, Rohmer a laissé le théâtre du désir défier le cinéma du réel. A partir de là, le scénario théologique se met en branle. Tout film sera la tentation du dragon-théâtre terrassé par le St Georges du cinéma. Le théâtre sera la singerie du désir – sexuel, païen, « libre », bavard – et le cinéma sera le *traitement* de ce désir singé par le cinéma – horsexe, sacré, asservi au « réel », coi. Sans cette reprise en comédie d'un grand scénario religieux, l'œuvre de Rohmer n'aurait peut-être pas trouvé, ces dernières années, une aussi juste respiration, un tel goût du jeu. Car c'est un jeu qui a besoin de nous, spectateurs. Lorsqu'à un discours « théâtral » de Sabine succède sans transition un plan de la ville du Mans vue de derrière un pare-brise, nous faisons l'expérience délicieuse de notre propre clivage : entre le désir de suivre la tentation d'une histoire et la jouissance de simplement regarder une image, la chose-cinéma. On n'est pas si loin, religion oblige, de *Passion*.

Traitement, exorcisme, réparation. Le cinéma de Rohmer ne « célèbre » pas les apparences mais il a appris à les « sauver » (dans tous les sens du terme) en reconstituant à chaque film le pouvoir d'indifférenciation dont est porteur le cinéma partout où le théâtre a mystérieusement (voir l'importance dans ses films des moments de sommeil, d'inadvertance, d'absence), fait tache (la tache de sang que Perceval contemple sur la neige) ou accroc (la perte de virginité de la Marquise d'O) à la « robe sans couture du réel » (Bazin). Le cinéma comme art du *rapiéçage* (là aussi, se souvenir du dernier plan qu'aura vraissemblablement tourné Buñuel, à la fin de *Cet obscur objet du désir*).

Un mot pour finir. On se demande parfois qu'est-ce qu'un *auteur*, au cinéma. Disons, quelqu'un qui, afin de résoudre en vrac tout ce qui le travaille (esthétiquement, éthiquement, existentiellement, érotiquement) ne peut pas ne pas redéfinir ce qu'est le cinéma *pour lui* (et pour lui seul). Il peut le faire en actes, il peut le faire en mots. Comme Deleuze parlait d'une « politique de Kafka », je parlerai d'une

« politique de Rohmer ». Non pas ses idées politiques, bien sûr, mais le dispositif (de guerre, de travail, de survie) dans lequel le *cinéma* joue tel ou tel rôle, comme pièce maîtresse sur un échiquier quand même plus grand que lui. Toutes les fois que nous sentons ce besoin, nous sommes devant un auteur. Il y a en a très peu. Rohmer par exemple.

SERGE DANEY
(*Cahiers du cinéma* n° 338, juillet-août 1982)

Ici et maintenant

(*Prénom Carmen* de Jean-Luc Godard)

par Olivier Assayas

Après le film fait contre tout (*Sauve qui peut, la vie*), le film infaisable (*Passion*), *Prénom Carmen* est un film d'ici et maintenant. Un film d'aujourd'hui pour tous les films d'aujourd'hui car il porte sur ses épaules le poids de la fatalité du cinéma contemporain, le poids de la fatalité de l'époque et ses limites historiques. *Passion* frappait comme un sourd contre les parois où se termine le cinéma, se débattait parmi les faits, les choses et les gens qui, au nom du travail ou des règles de l'artisanat, séparent les images des idées. Dans les films de Godard, cela fait belle lurette qu'il y a d'un côté le cinéma, dont la trivialité lui fait horreur même s'il cherche perpétuellement à la surmonter, et de l'autre l'essentiel. Dans *Prénom Carmen* (scénario : Anne-Marie Miéville), l'essentiel ce sont les quatuors de Beethoven, c'est regarder la mer, c'est la présence du cinéaste à l'image, toujours ailleurs, toujours perdu dans des pensées dont on ne saura rien car le cinéma ne sait pas les montrer. C'est peu dire que le film fait peur, c'est peu dire qu'il claque toute porte derrière lui. L'amour entre Carmen et Joseph est impossible même si un moment, dans la magnifique séquence de l'appartement au bord de la mer, la passion les a unis et on y a crû. Joseph ensuite, scène après scène, nage à contre-courant face au récit qui l'exclut. Ni Carmen ni le film ne veulent plus de lui. On le chasse, il revient. On le chasse, il revient encore, automatiquement, sans espoir, comme le cinéaste « oncle Jean », qui a été « chassé du cinéma » et y revient tout de même, bien qu'il y ait perdu la raison. *Prénom Carmen*, c'est le cinéma contre tout, malgré tout. Contre ses limites, malgré ses limites, car s'il est un art imparfait, insatisfaisant, même si l'image dès qu'elle est impressionnée est déjà frustration, même si le plan dès qu'il est éclairé est déjà douteux, le cinéma n'est jamais que la somme des approximations de l'époque. Au pire de sa platitude, au mieux de ses doutes. Et puis Godard plus qu'aucun autre cinéaste contemporain sait que, même si la pellicule imprimée c'est l'ennemi, il reste encore les ciseaux du montage pour en arracher quelques sentiments et même parfois de l'existence.

Ici on n'est pas chez les auteurs. Même si l'orgueil de Godard est de toute évidence démesuré, ses films rejettent de plus en plus les illusions de l'art et de sa survie, et plus précisément les vanités du cinéma à signature stupidement convaincu d'être en duplex avec le futur. Ce qui l'intéresse au premier chef, c'est de se confronter avec son temps, d'en empoigner des parcelles. Aucun cinéaste n'aura été aussi contemporain, aussi préoccupé de synchronisme que lui, sans doute parce que domine en lui cette intuition qu'en matière de cinéma, l'absolu ne peut naître que du regard d'un individu sur l'invisible, c'est-à-dire l'instant auquel on ne fait pas attention, qu'on ne sait ni voir ni entendre, et qui passe. Certes, comme toute voix un peu forte dans une époque de doute, celle de Godard exclut toute autre expression possible. Le cinéaste de *Prénom Carmen*, film construit autour d'une conception tragique de la création s'il en est, est le dernier cinéaste possible, et lui seul contemple, avec amertume, les dérisoires bouts d'image avec lesquels – sans se raconter d'histoires ni se bercer de naïvetés, à l'inverse de ses contemporains – il bricole encore des films alors que le temps des films est passé. Le courage de chaque moment avec lequel Godard filme, la violence avec laquelle il livre les émotions font certainement de son œuvre, rongée par le doute, l'une des expériences extrêmes et *Prénom Carmen*, le plus simple, le plus immédiat, le plus dépouillé, le plus charnel de ses derniers films, n'a pas manqué d'électrocuter une Mostra qui, à force de se réclamer de lui, n'a fait que le trahir.

OLIVIER ASSAYAS
(*Cahiers à cinéma* n° 352, octobre 1983)

*Vive la crise
du cinéma français !*

La méthode

par Alain Bergala

Tout film finit par ressembler à la méthode qui lui a donné le jour. Rivette va même jusqu'à dire que « *c'est toujours la méthode avec laquelle on tourne un film qui crée le vrai sujet.* » La rentrée cinématographique, fort abondante, confirme qu'en ce qui concerne le cinéma français l'écart se creuse de plus en plus nettement entre les films qui sont le fruit d'une méthode singulière et ceux qui sont issus de la méthode standard et qui finissent tous, logiquement, par se ressembler. Ils peuvent être plus ou moins réussis, plus ou moins efficaces, ils se consomment avec plus ou moins de plaisir mais tous sont « oubliables » et ont en commun d'être des films sans réelle singularité et surtout des films sans grâce. Plus grave : ce sont des films où l'on sent immé- diatement qu'aucun moment de grâce ne saurait advenir. Ces moments-là, on les trouve dans le film de Rivette, dans celui de Rohmer, dans celui des Straub. Il est vrai qu'on en trouve aussi dans le cinéma de Godard et ou de Pialat, qui fonctionnent pourtant de façon moins protectionniste, mais ce sont des cinéastes, comme il y en a toujours eu (de

Chaplin à Stroheim), qui ont besoin d'une machine-standard à mettre en crise pour lui arracher un film.

Il y a eu des moments, dans l'histoire du cinéma, où une méthode standard (celle des studios américains, par exemple) a pu doter certains films, quasiment produits en série, d'une sorte de charme inconscient qui pouvait échapper au réalisateur lui-même. Elle a même permis à des cinéastes aussi singuliers qu'Orson Welles ou Fritz Lang de réaliser leurs films les plus magiques. Mais cette méthode standard était alors l'émanation logique d'une machine-cinéma en parfait état de marche qui en justifiait les exigences et qui lui donnait, en retour, une véritable efficacité. Ce qui est loin d'être le cas aujourd'hui.

Les films plus singuliers dont nous allons parler ont tous la particularité d'être issus d'une méthode tout à fait propre à chaque cinéaste. Nous avons essayé, pour chacun d'entre eux, de dégager cette méthode à partir d'une série de rencontres avec les acteurs, les techniciens, les divers collaborateurs, bref tous ceux qui pouvaient nous raconter un morceau de l'histoire du film. Et nous avons découvert que cette méthode nous en apprenait souvent plus, sur le film, que le traditionnel entretien avec le réalisateur ou que la seule analyse critique.

Toute méthode est une méthode d'approche

Les cinéastes dont il va être question ici ont en commun, quelle que soit la diversité de leurs méthodes, de prendre le temps de l'approche, et de la prendre au sérieux. Rohmer peut passer plusieurs mois à parler de choses et d'autres avec son actrice, à se promener avec elle dans Paris, avant même de parler du film. Straub peut hanter ses futurs lieux de tournage plusieurs mois à l'avance, voire plusieurs années, avant même de savoir si le film arrivera à se faire. Ce sont des cinéastes pour qui le chemin vers le film c'est déjà le film, pour qui la lente approche des acteurs, des décors, n'est pas du temps perdu. Pour Rivette on peut même dire que cette approche est toujours d'une certaine façon le sujet du film.

Introduire de la méthode dans cette approche, qui est aussi celle de leur désir du film, leur permet de le tenir à la bonne distance : ni trop près (il n'est jamais bon pour un cinéaste de coller de trop près au désir qui le pousse à faire du cinéma, il risque l'*acting out* cinématographique), ni trop loin (quand la méthode est imposée de l'extérieur, le désir risque de se perdre, faute d'arriver à frayer ses propres traces dans ce parcours trop balisé.)

Toute méthode est un medium

Pour le cinéaste, faire un film c'est tout autant gérer des relations complexes, imprévisibles, que gérer son propre projet de film. Dans le jeu de ces relations, dans cette circulation des informations et des affects, la méthode peut être un bon medium. Comme tout protocole, elle a l'avantage de présenter un ensemble de règles visibles, rassurantes, qui permettent de protéger ce qui doit l'être, la zone plus secrète de toute création, dont elle est à la fois l'expression et l'écran. Car chaque méthode, au fond, et c'est en cela qu'elle ne vaut jamais pour que celui qui se l'est forgée, le cinéaste la bricole peu à peu avec ses phobies, son expérience, ses convictions esthétiques mais aussi le sentiment de ses faiblesses et de ses angoisses.

La méthode, si elle fonctionne bien, peut fonctionner comme une règle du jeu : tout le monde finit par la connaître et elle permet à tous les participants d'avoir le sentiment de jouer ensemble la même partie, même si l'origine de ces règles reste quelque peu obscure ou oubliée. La méthode protège :

elle permet au cinéaste de ne pas avoir à répondre à des questions auxquelles il ne veut pas ou ne peut pas répondre. Et en même temps elle rassure.

Toute méthode est une méthode de production

Se donner sa propre méthode implique pour le cinéaste qu'il se donne en même temps les moyens de cette méthode, c'est-à-dire que d'une façon ou d'une autre (qu'il soit son propre producteur ou qu'il ait contracté quelque alliance privilégiée avec une production qui lui fait confiance), il soit en mesure de maîtriser l'organisation de son travail en fonction des nécessités internes de sa méthode et non en fonction d'un plan de travail imposé par une production en position d'extériorité par rapport à la logique vivante de ce travail.

« *Quand on arrivera*, dit par exemple Renato Berta, *à faire du cinéma, en France, sans les feuilles de service, ça changera tout. Quand tu as une équipe de 20 personnes et que chacun, le soir, attend sa feuille de service pour savoir où et à quelle heure il est convoqué le lendemain, bureaucratiquement, sans avoir à réfléchir sur l'organisation de son propre travail, c'est terrifiant comme type de rapports… Le vrai luxe, aujourd'hui, pas le luxe bête, c'est le temps. Pour un cinéaste comme Eric Rohmer, c'est de se mettre dans les conditions pour avoir du temps. Pour ça, il ne faut pas une équipe dite « classique », c'est impossible. Et puis il faut les alliances, il faut que tout le monde parle à peu près du même film, ce qui est un événement tellement rare !* »

Renato Berta n'est pas là en train de faire l'éloge du laxisme. Bien au contraire, il a découvert que la méthode rohmerienne entraîne finalement une responsabilisation plus grande de tous les participants quant à l'économie du film et une meilleure compréhension des choix qui président à l'organisation du temps et du travail. Pas de méthode bien com-

190

prise sans cet équilibre des différentes économies qui entrent en jeu dans la fabrication d'un film : l'économie financière, la gestion du temps, l'économie des relations au sein de l'équipe, l'économie esthétique et narrative du film lui-même.

La recherche de cet équilibre implique de contourner l'absurdité (« absurdité » du point de vue du travail artistique : on imagine mal un romancier contraint par son éditeur à poser sa plume tous les soirs à 18 heures pile, ou un peintre à qui son commanditaire imposerait de peindre un coucher de soleil entre midi et deux) des contraintes syndicales ou corporatistes qui ne manqueraient pas de ruiner, aux deux sens du terme, la cohérence de l'entreprise. La solution la plus simple, et la plus communément adoptée, consiste à s'entourer de techniciens (et d'acteurs, mais cela implique de ne pas travailler avec des acteurs-vedettes) qui ont accepté de jouer le jeu d'un contrat de confiance global. Chacun s'engage à s'adapter au rythme de travail réglé par la méthode, sans tenir une comptabilité pointilleuse de son emploi du temps. Ces collaborateurs, et ce n'est pas un hasard, finissent pas se croiser d'un film à l'autre : William Lubtchansky et Renato Berta ont travaillé ensemble sur *Sauve qui peut (la vie)*. W.L., assisté de Caroline Champetier, signe ici l'image du Straub *(Rapports de classes)* et du Rivette *(L'Amour par terre)*. R.B., qui a souvent travaillé avec les Straub, signe celle du Rohmer *(Les Nuits de la pleine lune)*. Pascale Ogier, qui jouait dans *Le Pont du Nord*, dont elle était coscénariste, devient ici l'actrice principale, et la décoratrice, du film de Rohmer.

Mais il ne faudrait pas s'y tromper, et croire qu'une rationalité de fer (le souci de fabriquer le produit au moindre coût) a imposé la méthode standard pendant que les méthodes singulières dont nous parlons ici ne seraient qu'alibis pour justifier je ne sais quelle irresponsabilité du « cinéaste artiste » face à l'instance économique. En gestion pure, il ne fait pas de doute que la méthode d'un Rohmer ou d'un Straub soit plus économique. Et finalement plus rationnelle que la méthode standard, avec ses gaspillages, ses pertes de temps et ses dysfonctionnements quasiment structurels.

Le point faible, sinon aveugle, de la plupart de ces méthodes, c'est la distribution, c'est-à-dire le moment où le film retrouve ses semblables sur un marché dont les lois et les contraintes s'imposent à tous, et où il est beaucoup plus difficile de contrôler son devenir. Se trouvera-t-il bientôt des distributeurs plus attentifs à la singularité de ces films pour chercher, à leur tour, des méthodes de distribution plus pointues et plus spécifiques ?

ALAIN BERGALA

(*Cahiers du cinéma* n° 364, octobre 1984)

Vive la crise !

par la Rédaction

Ça barde dans le cinéma français : les structures chancellent, les sociétés de distribution – grosses et petites – ont de graves difficultés, baisse de fréquentation générale oblige, l'ogre américain rugit (avec des films qui ont renoncé à toutes prétentions) et gagne du terrain. Pourtant, c'est clair, la qualité du cinéma français est plutôt à la hausse, et le phénomène est partout admis : triomphe à Venise, reconnaissance médiatique au dernier Festival de New York, carrière commerciale américaine prometteuse pour quelques films dits « porteurs » : *Menage* de Blier (en V.O. : *Tenue de soirée*) ou *Summer (Le Rayon vert)* de Rohmer.
On l'a déjà dit : la rentrée de septembre, avec Rohmer, Cavalier, Resnais, était d'un excellent cru du côté des « vieux ». On pressentait une relève, la voilà qui arrive : octobre-novembre confirment, du côté du « jeune cinéma » qui fait une percée audacieuse. Autant dire tout de suite que parler d'une nouvelle « Nouvelle Vague » serait proche du contresens absolu sur la situation actuelle. Le noyau de la N.V., c'était quatre ou cinq critiques des *Cahiers*, issus

de l'école-Cinémathèque, neveux du génial Langlois, qui s'étaient parlés, directement ou à travers leurs textes, en ayant un ennemi commun : le cinéma du « centre », dit de « qualité française ». La génération suivante, apparue dans les années 70 (Téchiné, Jacquot, Doillon, Akerman) avait surtout en commun de fuir le naturalisme ambiant : pas vraiment de quoi faire front commun, même si l'enjeu existait réellement.

Les cinéastes de la nouvelle génération ne se parlent pas comme ont pu le faire entre eux ceux de la N.V. – ce serait même plutôt chacun pour soi –, ils n'ont pas ou peu de pères à tuer (ni bons ni mauvais), ni d'ennemi : le cinéma du « centre » bat aujourd'hui sérieusement de l'aile (voir la crise de la production) et les modèles-standards des années 70, type Sautet ou Granier-Deferre sont en nette perte de vitesse. Quant au cinéma du « look » récemment apparu (Beineix, Besson et leurs épigones), il est en forme économiquement mais ne fait vraiment pas le poids esthétiquement. Or c'est toujours bon d'avoir des ennemis, ça stimule, ça donne des forces. Qu'est-ce qui fait alors qu'on peut aligner cette année (avec la part d'aléa historique dont il faut tenir compte), avant d'autres et après ceux de Jean-Pierre Limosin, Gérard Frot-Coutaz ou Jacques Davila, les noms de Claire Devers (Caméra d'or à Cannes), Olivier Assayas, Leos Carax ou Jean-François Stévenin pour leur premier ou second film ?

Une réponse possible : la crise. Une fois de plus, la fréquentation baisse, la morosité règne chez les distributeurs (qui sont en train de prendre cette crise de plein fouet, petits *et* gros), les salles ferment, plus d'un producteur se sent désarmé… Et en même temps, rarement le cinéma français aura connu un tel potentiel de renouveau. Car c'est la crise qui tient lieu d'ennemi manquant. D'où ce bouillonnement, cette euphorie paradoxale. Une crise, ça a toujours du bon, ça ouvre des brèches par où se frayer un chemin. Pas pour miner l'édifice, ça ne servirait à rien : le système français est loin d'être nul et par ailleurs naturellement poreux. Mais parce qu'elle casse les modèles de standardisation, bouleverse les règles et les normes, oblige à réagir et à inventer de nouvelles solutions, de nouvelles manières de faire. Et de produire : car s'il est incontestable que les Sofica, pour ne citer qu'elles, ont changé le paysage de la production, on assiste surtout à une grande diversification des modes de production, à laquelle répond la singularité de ces films. Ça va d'un film de fin d'études à l'IDHEC (Claire Devers, *Noir et blanc*), fauché mais rigoureux, poussé jusqu'à la distribution commerciale, à un film produit dans des conditions d'aisance plutôt rares pour un premier film (*Désordre* d'Olivier Assayas), en passant par le film de Leos Carax, *Mauvais sang*, qui n'a pu exister que grâce à l'association de producteurs-complices (Alain Dahan, Philippe Diaz et Denis Chateau), alors que plus d'un aurait baissé les bras devant un rythme de travail qui allait conduire à trente semaines de tournage.

Le dénominateur commun de cette génération, c'est l'acharnement à ne pas être vaincu, à pousser jusqu'à son terme un projet de cinéma. Laurent Perrin, pour *Passage secret*, n'a pas l'avance sur recettes (il l'aura sur film terminé) : qu'à cela ne tienne, il produit lui-même (et achève en ce moment son second film). Idem pour le superbe *Double messieurs*, qui résiste à son réalisateur : Stévenin s'enferme dans la salle de montage, retourne ses plans. Le film en a des allures de météore et c'est le plus stimulant de l'année : celui qui prouve que tout, au cinéma, est encore possible. Inutile de multiplier les exemples : tous les films intéressants ou passionnants dont il est question ici, portent en eux, dans leur forme ou dans leur sujet, la trace de cet acharnement. A tout cela, il faut ajouter un fait décisif : les générations de cinéastes et les générations d'acteurs ne surgissent pas toujours au même moment, et parfois, de s'être ratées, elles ne se relèvent pas. Or le renouveau qui s'annonce est celui d'une double génération : les nouveaux réalisateurs s'intéressent de très près à une nouvelle génération d'acteurs qui le leur rend bien, parce qu'elle se sent aimée, désirée et bien regardée. Cette complicité est peut-être l'atout le plus prometteur du renouveau qui s'annonce. C'est assez dire qu'il y a tout lieu d'être on ne peut plus attentif à ce qui se dessine actuellement.

Ne reste qu'une chose : maintenant, ces films, il faut qu'ils marchent.

(*Cahiers du cinéma* n° 389, novembre 1986)

Sur la terre comme au ciel
(*Mauvais sang* de Leos Carax)

par Alain Philippon

Le moins qu'on puisse dire de *Mauvais Sang* est que le film est attendu, dans tous les sens du terme, en bonne et mauvaise part. Attendu avec impatience parce qu'il a été plus long que prévu à se faire (et que la durée de son tournage a donné lieu à toutes sortes de rumeurs, parmi lesquelles d'ailleurs des choses extravagantes), attendu au tournant aussi par ceux qui ont mal supporté l'attitude de cinéaste-artiste qu'avait adoptée Leos Carax au moment de la sortie de *Boy meets girl*. J'aurais pu, dira-t-on, me passer de ce préambule, aborder *Mauvais Sang* sans évoquer cette attente : un film est un film, un point c'est tout. Et pourtant non : on sait qu'un second long métrage – et a fortiori celui d'un cinéaste qui a pas mal clivé la critique avec son premier – est un passage souvent difficile : les promesses du premier sont-elles tenues ? Dépassées ? Quel projet de cinéma voit-on (ou ne voit-on pas) se dessiner ? Autant de questions générales qui valent singulièrement pour *Mauvais Sang*.

Autant dire tout de suite que *Mauvais Sang* est un éblouissement absolu. Qu'il faut, pour en parler, redonner leur sens fort à des mots un peu galvaudés, un peu affaiblis surtout : poésie, inspiration, fulgurance du plan, en un mot : émotion. Le tout, il faut le préciser, et les entretiens que nous publions par ailleurs en disent plus là-dessus, au prix d'un travail d'une extrême méticulosité, à tous les stades de l'élaboration du film. *Mauvais Sang* n'est pas en rupture avec *Boy meets girl*, il en est comme le prolongement, enrichi d'images et d'impressions qui n'auraient pas été déplacées dans le premier film. Il s'agit moins de redire les choses que d'enfoncer le clou de ce qui, chez le cinéaste, insiste, questionne, demande à se dire. De se laisser mener par cette demande-là. Ce qui me touche le plus (d'abord, globalement) devant *Mauvais Sang*, c'est que ce second long métrage a tout d'un premier *et* d'un dernier film. D'un premier, parce que Leos Carax, même en passant à des moyens plus confortables, même en étant implicitement tenu de viser un plus large public, n'a manifestement en rien cédé sur son injonction personnelle : « *Tu dois faire ça.* » Leos Carax conçoit et réalise ce second film avec la fraîcheur (qu'on me passe ce mot défraîchi, mais c'est le seul) de qui, dans un premier film, veut tout dire de ce qui le mobilise – en l'occurrence, nous y reviendrons, le sentiment amoureux. En même temps, si *Mauvais Sang* a des allures de dernier film (ce qu'il ne sera pas, bien évidemment), c'est pour les mêmes raisons : vouloir dire, montrer, faire sentir le plus de choses possible, comme si « plus tard » risquait de devenir « trop tard », en brûlant pas mal de cartouches, loin du calcul et de l'économie un peu mesquines qui président parfois à l'orientation d'une carrière. Chacun des plans – ou peu s'en faut – de *Mauvais Sang* prouve la nécessité, pour Carax, de ce film-là et pas d'un autre, en même temps que se déclare une passion folle pour le cinéma (son histoire, sa technique, les inventions passées, sa recherche au présent), la passion de l'enfant à qui ne suffit pas d'avoir une belle montre, mais qui en démonte les mécanismes pour voir comment ça marche – on a tous fait ça – ou, plus encore, qui les remonte différemment pour voir comment ça va tourner : plus vite, moins vite ? C'est l'une des obsessions du film, j'y reviendrai, le sentiment d'un temps qui malmène. Au fait, ça se passe quand ?

Mauvais Sang se passe à la fois en 1986, l'année de son tournage et du passage de la comète de Halley (sous le signe de laquelle le film est placé, dans une bande dessinée de jadis : Tintin, *L'Etoile mystérieuse*), et dans un futur proche, pas loin de l'an 2000. La grande peur de cette fin de siècle n'est pas, comme dans la réalité, le SIDA, mais le STPA, la maladie virale de ceux qui font l'amour sans amour, et qui intéresse au plus haut point deux groupes rivaux, représentés respectivement par une femme dénommée « l'Américaine » et son homme de main Boris d'un côté, et par Marc (Michel Piccoli) et Hans de l'autre, qui se livrent lutte pour obtenir une culture du virus, détenue dans un laboratoire. Pour parvenir à ses fins, Marc fait appel à Alex (encore Alex, encore Denis Lavant, médium génial), dont on dit qu'il a hérité de son père une incroyable rapidité manuelle. C'est là l'intrigue du film, très simple, traitée un peu à la manière du Godard période « po » (policier/poétique) des années soixante *Made in USA* ou *Pierrot le Fou* : sans trop s'encombrer (et encombrer le spectateur) avec un polar de plus, tout en respectant cependant le contrat minimal passé avec le spectateur (« j'annonce une intrigue, je la traite »). Car ce qui intéresse Carax dans cette histoire, c'est le pont qu'elle jette vers une autre histoire, une histoire d'amour celle-là, et le lien qu'elle scelle entre Alex et Anna (Juliette Binoche), la très jeune compagne de Marc : *Mauvais Sang*, ou comment aller d'un point A à un point A, les tours et les détours d'une course à l'amour et à la mort.

« *Il y a des moments où rien ne peut être changé sans quoi tout change, des moments où rien ne peut être dénoué de nous sans quoi tout est dénoué* ». C'est la première phrase du film. Magnifique (elle est de Ramuz), elle en annonce le propos : changement, dénouement. Il faudrait ajouter « nouement » si le mot existait. Il suffit de voir comment Carax filme ce moment-là (la rencontre, si on peut l'appeler ainsi, car ce n'est pas tout à fait ça, d'Alex et d'Anna – déformée par des jeux de vitres ou de miroirs dans un autobus, irréelle, méconnaissable) pour être sûr que le vecteur de *Mauvais Sang* c'est le regard. Le regard exigeant, souvent fixe, avide, d'Alex, réplique à peine déguisée de celui du cinéaste (qui, soit dit en passant, joue dans le film le rôle du voyeur qui épie Anna – « *un joli métier* », dira Alex) face au monde des hommes et à celui des femmes, et face au monde des images. Pour Carax, c'est clair, l'image sera virginale ou ne sera pas. Or les images, ce n'est pas comme les femmes, des filles vierges il en naît des milliers par jour, tandis que des images vraiment vierges... Alors autant savoir que si l'on veut se laver le regard de ces images déjà filmées qui nous entourent, qui ne regardent personne et que personne ne regarde vraiment d'ailleurs, il faut pour ça remonter le temps, revenir, tant qu'à faire, à l'origine ou peu s'en faut. C'est ainsi que l'espace d'un superbe clip sur une musique de Chaplin, on verra marcher/danser... Mireille Perrier ou Paulette Goddard ? C'est ainsi surtout que Juliette Binoche sera totalement réinventée (on ne l'avait littéralement jamais vue comme ça, diaphane, douce, chuchotant, s'étirant comme une chatte au réveil), et qu'elle apparaîtra moins comme une actrice qui aurait regardé des films de Lillian Gish (ou de Louise Brooks), pour la copier, que comme quelqu'un *qui aurait été regardé par elle*. Le regard, dans *Mauvais Sang*, ouvre sans cesse sur la métamorphose. Lorsqu'Alex bat les cartes devant les parieurs, qui commande au jeu ?

La main ou le regard ? Les deux : la main devenue regard, le regard devenu geste. Et quand, dans l'une des plus belles scènes du film (une extension de la scène de la cuisine de *Boy meets girl*), Alex fait des tours de prestidigitation pour consoler Anna, ce n'est pas son regard à lui sur elle qui la métamorphose (au point, superbe idée, de faire changer de couleur le(s) mouchoir(s) qu'elle porte à sa bouche), mais plutôt son regard à elle sur sa main à lui. En d'autres termes : sur sa main en train de la regarder. Sans compter ces moments magnifiques où les regards ne sont pas vraiment présents, pas vraiment vides non plus, simplement surpris en train de rêver.

Il y a dans cette scène – dans ce moment de grâce absolue où le film s'arrête et où les amoureux sont seuls au monde – une métaphore totale du cinéma de Leos Carax « *Tu connais le coup de la pomme ?* » Alex jette une pomme en l'air, hors-champ, et des poireaux retombent. La pomme, c'est le plan : si on lance un plan en l'air, quel autre plan va retomber (pour être aussitôt relancé) ? *Mauvais Sang*, qu'on me passe l'expression, c'est du cinéma qui s'envoie en l'air. S'il y a chez Carax du prestidigitateur (du batteur de plans de haute volée), il y a aussi du funambule. Tout ce qui, dans le film, relève du rapport terre-ciel est magnifique. Du premier baiser en parachute à la traversée de la chaussée brûlante, de la moto jugée par Alex « trop terre à terre » au sublime envoi final (dont je me garderai bien de dévoiler la lettre), le film est hanté, dans ses plus beaux moments, par la quête de l'apesanteur, par le rêve que les choses, sur terre, puissent se vivre comme au ciel. D'où, sans doute, que Carax filme davantage les visages que les corps. Comme il les cadre en très gros plans et très amoureusement, les visages deviennent de vastes paysages à parcourir et à découvrir. On est là dans le cinéma de l'angélisme, des « hautes solitudes », comme en témoignerait à lui seul le personnage de Lise, de « la petite Lise » (remarquable Julie Delpy), l'« ange de la moto », la fille de Jean Cocteau.

Avec *Boy meets girl*, Leos Carax avait quelque chose à dire, mais il avait aussi à prouver qu'il savait filmer. D'où une virtuosité qui fit parler certains d'exercice de style, ou de diplôme de fin d'études. Débarrassé du souci de faire ses preuves, Carax ne perd rien de sa virtuosité époustouflante (sur le jamais vu, *Mauvais Sang* est très fort), et en même temps gagne en liberté. Il peut se payer la liberté de l'autonomie, ce qui est plutôt bon signe. (« *Les hommes qui parlent peu, on les prend soit pour des génies soit pour des abrutis* », dit en substance Anna, suivez mon regard). La liberté aussi de moins cacher d'où il vient : nommer et montrer, comme il le fait ici, Jean Cocteau, aurait été impensable à l'époque de *Boy meets girl*. *Mauvais Sang* est un objet pyrotechnique de très haut niveau, où la poésie est portée à un rare point d'incandescence. Un grand film magique et romanesque, plein de jeux d'enfants, de serments d'adolescents jusqu'auboutistes faire l'échange du sang, se promettre de se suicider à deux avant vingt ans, menacer de sauter d'une moto en marche), emporté par instants par les vagues d'un texte-fleuve souvent magnifique, à l'écriture rapide, nerveuse, incrustée d'éclats ciselés comme du diamant. Noir et drôle, *Mauvais Sang* est encore hanté par le sourire de la vitesse (comme disait Ferré), par l'usure du temps et le fantasme de l'enfant-vieillard. La phrase de *Boy meets girl* : « *Est-ce qu'il existe, l'amour qui va vite, très vite, mais qui dure toujours ?* », on la réentend ici : question d'absolu, question d'amour et question de cinéma, tant il est vrai qu'ici, cinéma d'amour et amour du cinéma ne sauraient être pensés l'un sans l'autre.

ALAIN PHILIPPON
(*Cahiers du cinéma* n° 389, novembre 1986)

La rue et le studio

par Jean Douchet

Où en est le cinéma français en cette fin des années 80 ? On peut l'envisager à partir d'une tendance qui le traverse depuis les origines : le conflit permanent entre la rue et le studio, la tendance évidente qui consiste à s'enfermer à l'intérieur du studio dès qu'on a fait un pas dans la rue. Quelque chose qui relève de la frilosité, de l'intimisme des cinéastes, de la xénophobie ou du chauvinisme qui caractérise le collectif-France. Étant entendu que le studio prétend à une supériorité qui n'est qu'excuse puisqu'il a comme but de parvenir à ce que désire le cinéma de la rue : la réalité et le réalisme.

La Nouvelle Vague avait pris parti contre le studio, avec la volonté d'aller vers la rue. Elle a refusé le cinéma documentaire, contrairement à ceux qui constituaient la tendance « Rive gauche » : Resnais, Varda, Demy, Marker, qui ont tous fait des documentaires. Pourquoi Godard, Truffaut, Rohmer et les autres ont-ils d'emblée commencé par la fiction ? Parce que le documentaire avait été curieusement récupéré, non pas par le cinéma de studio, mais par une esthétique très léchée, avec des éclairages sophis-tiqués, qui en faisait une sorte de vagabondage de l'ima-ginaire à partir d'une réalité : de ce point de vue, Resnais était un maître, il a été le grand documentariste de cette époque, qui a poussé à fond cette tendance. Au contraire, la Nouvelle Vague a préféré la fiction, dans un sens réaliste et documentaire.

Les années 70 sont marquées par un mélange d'influences : la réminiscence de la Nouvelle Vague, l'influence de cinéastes comme Resnais et Franju, et trois auteurs pivots : Eustache qui exprime la pensée de la Nouvelle Vague, Téchiné qui cherche à innover et, sans le savoir, glisse vers un cinéma de studio à la Carné (c'est l'époque de *Barocco*), et Garrel qui fait un cinéma d'autant plus passionnant qu'il reflète en lui-même la contradiction la plus totale du cinéma fran-çais : un cinéma voulant « sortir » complètement tout en étant autophagique. Curieusement, Garrel est aujourd'hui un cinéaste d'avenir, un de ceux qui risquent d'avoir le plus d'influence, me semble-t-il, du fait qu'il conçoit un cinéma qui se nourrit de lui-même.

Avec *Barocco*, Téchiné réinstaure la primauté non du décor, mais du décoratif, du coloré, d'un univers avant tout poétique – le monde est poétique avant même d'être autre chose. Ce film annonce *Diva* et tout le courant des années 80 : c'est un film qui a fait lien avec le cinéma de l'arti-fice, à la Carné. Mais le souci du réalisme est si impor-tant chez Téchiné que sa trajectoire, depuis *Barocco*, a pris d'autres chemins. Pour lui, l'imaginaire doit mener un film : est-ce que cet imaginaire doit soumettre le réel, ou bien doit-il le recréer ? De ce point de vue, la tendance qu'a prise Téchiné implique un imaginaire qui veut être en prise sur le réel.

Retour au studio

Les années 80 marquent donc le retour au studio avec la volonté de s'y enfermer. Cela n'implique pas toujours un cadre fermé : la pensée studio, ou l'esthétique-studio, peut très bien s'accomplir en extérieur. *Diva* a été le triomphe du décoratif, de l'exotisme, du pittoresque, de l'insolite, du kitsch, finalement de l'accessoire. Souvenons-nous des patins à roulette de la jeune fille : un gadget qui faisait jeune, marrant, tout ce qu'on veut, mais inutile. En aucun cas le personnage n'était plus intéressant parce qu'elle roulait sur des patins !

Besson a suivi le mouvement, et Carax, tout en ayant l'air d'être le fils, voire le petit-fils de Godard, participe en réalité de la même mouvance.

Pourquoi cette nouvelle tendance ? Car ces trois cinéastes ne sont pas sans talent : ils ont un savoir-faire, un imaginaire indiscutable, et du succès auprès du public jeune. Sans doute incarnent-ils cette aspiration de la nouvelle génération à se refermer sur elle-même, agressée qu'elle est par la réalité économique, cherchant à se maintenir dans un univers qui la protège, un univers « planant » qui lui fait quitter le réel. Avec les succès de *Subway* et du *Grand bleu*, Besson est devenu le cinéaste le plus révélateur de cette génération, un « porte-parole » en quelque sorte, si le mot n'est pas trop fort vu que ses films sont quasi-muets : l'idée de plonger, que ce soit dans le métro ou dans l'eau, d'être à la fois entravé et très à l'aise dans cette prison qu'il faut subir tout en se l'appropriant pour prendre son pied. Besson exprime la raison profonde de cette mentalité studio : comment s'enfermer pour vivre de manière végétale sur le plan humain, et dans un univers très factice sur le plan intellectuel.

Ce cinéma ne peut fonctionner à plein que sur un régime publicitaire : l'image n'a plus de consistance, elle n'est qu'un appel à d'autres séries d'images qui renvoient à une réalité très extériorisée et à des sensations provoquées. Une image réduite à une apparence extrême, qui se doit d'être « jolie » selon les conventions esthétiques que cette génération se fabrique. Le critère de beauté, disons de « joliesse », leur est propre : sans être désagréable, il reste de l'ordre du décoratif. C'est un cinéma qui revient au chromo, à un art naïf.

Scénario, mise en scène, figure du père

Dans *Le Grand bleu*, film fœtal par excellence, la mère/mer est archi-présente, dans son état premier de placenta, si bien qu'elle n'a même plus besoin d'être identifiée. L'actuelle génération, qui est une génération post-68, sachant qu'on a tué le père, est faite d'enfants qui n'ont pas connu l'ancienne structure familiale : de ce point de vue, les figures symboliques ne jouent pas de la même façon. Cette absence du père n'est d'ailleurs pas vraiment regrettée : les films dont il est question ne ressemblent en aucune manière à des recherches initiatiques, comme chez Nicholas Ray (où la confrontation à l'image du père prend une forme violente), où comme chez Wenders ; ici, l'absence du père est vécue comme « aimable », selon un œdipe *soft*.

Cette tendance veut qu'on construise un film sur l'absence même du scénario. Quelles histoires racontent leurs films ? Ont-ils intérêt à l'histoire qu'ils racontent ? C'est peut-être le seul point où se manifeste, de manière inconsciente, l'influence de la Nouvelle Vague : le scénario, le récit, donc les personnages n'ont plus d'importance, ce qui compte c'est de filmer des situations pour leur étrangeté même ou celle des personnages, sans souci de les lier à l'intérieur d'une scène, ni de les relier à d'autres scènes. Une absence de lien. On pourrait dire qu'ils fabriquent des cellules flottantes collées les unes aux autres. C'est comme si l'on voyait sur la mer des bouchons flottants reliés par des cordons, tout le monde se fichant, réalisateurs comme spectateurs, de ce qui relie un bouchon à l'autre. C'est ce qui reste de la Nouvelle Vague, à cette différence près que l'absence de scénario dans les films de la Nouvelle Vague n'était qu'un leurre. Là, on n'a retenu que la permissivité apparente de l'auteur, l'impression de facilité. Ces scénarios manifestent une volonté de se couper du monde, ou d'en recréer un qui ne serait qu'un glissement sur la réalité : on « surfe » sur cette réalité, on en déjoue les règles, ne s'intéressant qu'aux désirs et à leur satisfaction. Avec un inconvénient : dès qu'on se heurte aux contraintes du réel, les désirs deviennent vagues. Comme dans le système publicitaire, ce cinéma fonctionne sur du désir vague.

L'après-Truffaut

Le rôle de Truffaut a été capital : si on comparait le cinéma français à une maison avec un toit, avec deux pentes inclinées, Truffaut en serait le faîte, la ligne de tuiles reliant la pente « auteurs » à la pente « cinéma commercial ». Lui-même, tenté par l'un et par l'autre, jouait de ces deux tendances. Depuis sa mort, les deux pentes s'écartent l'une de l'autre. Mais Besson, Beineix et Carax sont intéressants car ils jouent la carte « auteur » tout en glissant sur la pente commerciale ; ils le peuvent parce qu'au fond, ce sont des « auteurs collectifs », des cinéastes importants sur le plan sociologique, mais que l'Histoire du cinéma ne retiendra probablement qu'avec modération.

Revenons au scénario. Pas de dramaturgie sans conflit des trois temps : le passé pèse sur le présent, le présent est en crise, et cette crise ne pourra être résolue que par un futur. Sans quoi pas d'histoire. Tout le cinéma moderne – Rossellini, Godard (qui refuse passé et futur, ou alors de manière à peine esquissée), Resnais (qui joue différemment des trois temps de manière très singulière) – joue le présent et l'instant, refusant cette armature (qu'en revanche le cinéma américain continue d'adopter) et tout ce qu'elle implique : l'idée de durée, référence au réel…). Tout film, toute œuvre joue sur la relation entre l'action et la contemplation de cette action (l'acteur et son spectateur). Or concevoir le temps dramaturgique uniquement à partir d'un enfoncement dans le présent annihile l'action. C'est une tendance profonde du cinéma français, voire de la culture française, qui ne joue pas l'action, mais sa dissection, son analyse, sa contemplation. Dans *Le Grand bleu*, il ne reste plus que la contemplation des grands fonds, l'action se résumant au fait de descendre, de regarder les dauphins. C'est peut-être l'une des raisons de l'échec du film aux États-Unis, où le public est habitué à un cinéma qui joue l'action.

Ce cinéma qui nous fait passer du côté de la contemplation, est en train de modifier le rapport du spectateur à la narration. Le paradoxe, c'est que même Godard, depuis *Sauve qui peut la vie*, suit le même parcours : ses films sont plus contemplatifs, reposant sur un système d'images à contempler, dont la raison profonde est le plaisir qu'elles procurent à être associées. L'action consistant à combler intellectuellement ou émotionnellement la distance qui les sépare. Distance de plus en plus cosmique, macro et micro, galaxie et atome. Godard filme directement la lumière et son énergie. Son écriture est passée du monde narratif au monde poétique.

Richesse du cinéma français

Le cinéma français est au fond le plus riche au monde actuellement, même s'il ne peut évidemment rivaliser avec la puissance du cinéma américain. J'entends « richesse » dans le sens de la fantastique échelle sur laquelle il se meut, qui va du plus marginal au plus conventionnel, avec des différences immenses, une multitude de films et d'auteurs inclassables. Cela empêche de faire des généralités à son propos, excepté cette grande coupure rue/studio, extérieur/intérieur, elle-même très générale. Le cinéma français qui nous intéresse n'est fait que de cas : il y a le cas Godard, le cas Pialat, Rohmer, Rivette, Bresson, Demy, Téchiné, Garrel, etc., autant de singularités. Et il y a les autres, ceux qui appartiennent au magma – on ne peut évidemment pas parler d'un cas Annaud. Paradoxalement, on ne peut pas parler d'un cas Hawks, d'un cas Hitchcock ou d'un cas Ford, ni d'un cas Mizoguchi ou d'un cas Ozu : ils sont redevables d'un système qui les porte. En France, tout ce qui est intéressant se fait contre le système : ça a été le cas de Vigo, mais aussi de Guitry, de Renoir, de Pagnol, voire de René Clair à ses débuts.

Pour en finir avec le cinéma français, ses conditions actuelles ne sont pas mauvaises : au fond, il n'a connu dans sa longue histoire qu'une mauvaise passe, entre les années 1918 et 1930 : l'absence d'âge d'or au moment du muet. C'est un grand manque et l'on ne dira jamais assez le mal qu'a fait Pathé en mettant sa puissance au service du cinéma américain.

Aujourd'hui, les gens du métier travaillent, des projets ambitieux se montent : il n'y a jamais eu autant de producteurs, il n'y a jamais eu autant de films. Mais des films pour quoi faire, pour quoi dire ?

JEAN DOUCHET
(Cahiers du cinéma n° 419-420, mai 1989)

Comment sauver
le cinéma français ?

La relève
(*La Sentinelle* de Arnaud Desplechin)

par Camille Nevers

Encore faut-il croire en un cinéma toujours capable de découvrir des histoires à dormir debout, ou même assis, des histoires nécessaires et nécessairement lasses de celles qui feignent de joindre le futile à l'agréable, histoire de ne désorienter personne (un cinéma déboussolant, qui perdrait le nord, risquerait de perdre ses spectateurs les moins aventureux…) ; encore faut-il espérer de films jeunes qu'ils voient le monde différemment de ce que regarde la télé, de façon à ce que le temps retrouve une consistance *historique* – une conscience pour tout dire, moins durée finie de l'événement (le *flash* de l'info-diffusion) que celle, infinie, de la mémoire (le *flash-back* et le *flash-forward* d'une ciné-projection)… Sans mémoire, rien de neuf – juste du « flambant » sitôt réduit aux cendres et au silence : *La Sentinelle* est un effort de mémoire qui donne le signal d'un renouveau, alors à suivre…

On peut faire un monde d'un film, la preuve, ce premier *long* d'un jeune réalisateur qu'on savait doué (doué pour prolonger *La Vie des morts* prise en charge par la famille des vivants), qui délimite un territoire cinématographique et

213

politique parcouru par plusieurs « classes » de personnages, celles de la diplomatie et son cortège d'espions, de l'art lyrique et ses leurres, de la machine légale et ses pratiques d'illégalité.

Si le film de Desplechin a droit à toute notre *reconnaissance*, c'est, concernant la mise en mémoire du cinéma, qu'il revient de loin, qu'il nous revient (comme nous revient la tête de quelqu'un…), tirant avec lui et à lui une vieille idée dont il rafraîchit la mémoire et restitue l'originalité formidable : cette idée d'un art impur qui donne à voir et peut-être à réfléchir, qui crée le lien entre soi et le monde, qui *impressionne* le réel en s'imprégnant du temps, et s'engage souvent à donner des nouvelles de l'Autre sans quoi rien n'ira plus. Sortant des chemins trop rebattus par le nombre de jeunes films français encore sous la couveuse de la Nouvelle Vague et ne s'en sortant plus, qui – mais parfois avec grand talent – limitent leur parcours aux quatre coins d'une chambre, aux quatre murs d'une habitation, aux quatre personnages d'une seule histoire d'amour, *La Sentinelle* accomplit son « parcours du combattant », un tour de ronde à la rencontre d'une trentaine d'hommes et de femmes, conduisant à presque autant de lieux faussement quelconques et construisant une sombre forteresse remplie de souterrains, d'alcôves en trompe-l'œil, de salles de tortures, de portes dérobées, de salons en fête. Cela sent le complot ourdi, les luttes fratricides, la raison du plus fort, l'intrigue policière, amoureuse, politique. Voilà un *film de l'ombre* (se) débattant contre l'obscurantisme, qui brasse un monde en pleine confusion, hiérarchisé par d'aveuglantes certitudes comme autant de prétextes, moyenâgeux, et restant sur sa « fin », de cette confusion, de cette fin idéologique, historique, politique et philosophique (que de hics !), qui du passé ont la tentation de faire table rase. Pour, qui sait ?, mieux le répéter.

Mathias, qui arpente ce territoire en perte de valeurs, fait l'épreuve du temps, projeté dans un *no man's time* aberrant où sans cesse il risque de « perdre la tête ». Dans ce train entre l'Allemagne et la France, entre Aix-la-Chapelle et Paris, Mathias est confronté *manu militari* à Bleicher (Jean-Louis Richard), ce fantôme bien en chair, bien en colère, qui l'invective, violente sa bonne conscience d'étudiant sage ; aussi brutalement déniaisé, le jeune bascule dans l'âge adulte, l'âge du tourment, et devenir adulte ne consiste sans doute en rien d'autre qu'à commencer à avoir mauvaise conscience. Donc à mentir. Il aura beau répéter « *Non, ça va…* » par la suite, avec son air de somnambule qui se réveille en plein cauchemar, rien ne va plus, les jeux sont faits, la Tête est là. Une tête réduite, momifiée et anonyme, en attente d'être identifiée, d'être élevée à la clarté d'une conscience, passée la simple horreur de son humanité inerte. Quelques saignements de nez, et puis « on s'habitue »… La véritable horreur est ailleurs. Du côté des vivants.

Ces vivants, Desplechin passe son temps à les scruter en accompagnant leurs mouvements, leurs inflexions, leurs regards croisés ou dérobés, leur manège – autour de Mathias, « centre de gravité fuyant ». La sœur retrouvée, les amis vrais et faux, les diplomates assurément nerveux, les apprentis médecins légistes, les jeunes filles en fleurs, tous sont investis d'une mission qui les dépasse, mais qu'il leur faut accomplir sous peine de perdre la face, quitte alors même à en perdre la vie. Empêtrés dans une logique de l'Histoire, avec ou sans majuscule, dans une règle du jeu où chacun a ses raisons (qui ignorent celles du cœur…), à chacun sa fonction, et tous ont peur. Un sentiment d'effroi parcourt le film comme un long frisson ; derrière l'insolence policée de ces jeunes de la haute, se cache la mauvaise conscience de leurs aînés, d'un vieux mal rapiécé qui craque aux entournures : les frontières perdent peu à peu leurs repères sans que la morale y gagne. Tous en feront les frais. Dernier repère dans ce film-sentinelle, cette Tête fossilisée que Mathias dissèque à la recherche d'une histoire coûte que coûte, d'une mémoire perdue (coupable) classée « secret d'Etat ». Maladroit, égoïsme, presque passif, Mathias a pour seule force son *entêtement*, cet acharnement à vouloir croire « l'espion » Bleicher plutôt que William, fraîche recrue de la DGSE. Il reste vigilant, se tient sur ses gardes, avançant à reculons et à tâtons vers la prise de conscience d'un monde (ce monde ébauché à Yalta que mime tout le tout début du film) en train de s'effacer cédant place à des charniers passés, peut-être à venir...

Mais au-delà de la foule des questions que pose au réel (à nous tous, *hic et nunc*) le prisme d'une fiction mi-fantastique, mi-d'espionnage (donc entièrement politique, mais rien à voir avec les « fictions de gauche » des années 70), *La Sentinelle* instaure un rapport au temps et une relation aux personnages qui n'ont rien à voir avec un souci de « rendu objectif » (ce qui était le cas du précédent moyen métrage d'Arnaud Desplechin). Malgré le nombre de personnages qu'il présente, qui tous ont une existence particulière et forte (Mathias, Claude, Jean-Jacques, Marie, William, Simon, Nathalie, mais aussi les simples figures de Varins, du prêtre, du Russe racontant les camps en Sibérie, des médecins, etc.) et au contraire de ce que *La Vie des morts* laissait présager, ce premier long métrage n'est pas un film de groupe, mais un film « vu » à la première personne, à travers le regard de Mathias, figure foncièrement solitaire. Desplechin use à fond de cette nouvelle liberté, multipliant les ellipses (la plus belle : Mathias retrouve sa chambre sens dessus dessous alors que le fouteur de désordre, William, prend tranquillement un bain) ou à l'inverse étirant certaines scènes dans la durée (toutes celles mettant face à face

Mathias et la tête), selon un rythme heurté, saccadé, non linéaire, parfois franchement audacieux (le retour en arrière en plein milieu du film, lors du récit par Mathias de sa rencontre avec Bleicher dans un café, qui cumule deux points de vue à la fois : celui de Mathias – la bande-son – et celui du sbire qui le surveille de loin – la bande-image). *La Sentinelle* est une œuvre dans son temps et, tout à la fois, une approche renouvelée de mise en scène du temps, d'une durée de la conscience. C'est une définition possible de ce à partir de quoi on reconnaît la *modernité*.

Pareille maîtrise de la part d'un jeune cinéaste (et même de plus vieux) dans l'économie de l'espace et du temps cinématographiques, originalité sans trop d'ostentation, ne trouve guère d'équivalent dans le cinéma de ces dernières années : les films des frères Coen – dont les thèmes dans *Miller's Crossing* et *Barton Fink* ne sont au fond pas très éloignés de ceux de Desplechin. Le Français, comme les Américains, se donne les moyens de revisiter un genre pour y établir ses propres critères d'interprétation du monde, y graver sa propre mélancolie et communiquer l'angoisse sourde d'un monde qui *n'aurait plus toute sa tête*…

CAMILLE NEVERS
(*Cahiers du cinéma* n° 457, juin 1992)

Irma Vep d'Olivier Assayas

par Stéphane Bouquet

L'Eau froide laissait deviner ce qui se confirme ici avec éclat :
le cinéma d'Olivier Assayas est en train de prendre une direction pas exactement imprévue mais pour le moins radicale et réellement troublante. Assayas s'invente aujourd'hui
une nouvelle manière, un style qui reste très travaillé, très
élégant, mais qui repose, plus qu'avant peut-être, sur une
puissante idée de (du) cinéma, autant dire sur une façon
vraiment neuve de regarder le monde. *Irma Vep*, film d'ici
et maintenant, est tout entier dédié au mouvement comme
forme contemporaine de l'être au monde, comme nouveau
rapport au réel. Ce n'est pas tellement que la caméra bouge
tout le temps (ce qu'elle fait), ni que le montage soit particulièrement disruptif (ce qu'il est), c'est surtout que le
film s'organise autour d'un principe d'accélération, donnant
de la vitesse à tout, au récit comme aux personnages. A
ce titre, la présence de Maggie Cheung au générique se
comprend bien. Elle est bien sûr l'objet du désir d'un réalisateur, et Assayas sait très bien la regarder ; il lui offre
même (et à nous) une séquence qui est pure poésie de série

B : elle, étourdie, titube sur le toit d'un immeuble noyé sous la pluie, un collier de pierres précieuses à la main... Mais la présence de l'actrice chinoise est aussi le moyen de convoquer le cinéma de Hong-Kong qui est traversé par ce même goût de la vitesse et par un talent assez magistral pour faire haleter le récit (Wong Kar-wai). Le film d'Assayas possède donc une modernité tout à fait rare dans le cinéma français, et qui fait plaisir à voir, une attention portée à l'agitation, à l'excitation, à la trépidation, comme fondement de la vie urbaine, un vrai sens des rythmes convulsifs du monde comme il va.

Conséquence logique : la durée est évidemment la notion cinématographique la plus étrangère à l'univers d'*Irma Vep*. Rien ici ne s'installe, rien ne prend son temps. Tout, au contraire, se précipite, se chevauche, se bouscule. Il n'y a donc pas de place pour des moments où le film (et le spectateur) trouverait le temps de respirer, puisque ce qui importe c'est comment on passe d'une scène à une autre, comment ça s'enchaîne. Privilégier la fluidité de la transition sur le cœur de la scène donne à *Irma Vep* un rythme très particulier, très homogène, presque monocorde, sans temps forts, dont le danger bien sûr est qu'il frise parfois la monotonie. Les personnages eux-mêmes ne sont plus ces constructions psychologiques habituelles et complexes. Ils sont des sortes de coulées plus ou moins parallèles, des flux qui s'approchent ou s'écartent, des courants puissants ou non. Il y a le flux-Maggie (Maggie Cheung, donc, parfaite), star internationale qui arrive en France avec trois jours de retard et débarque là où personne ne l'attend. Elle vient participer au *remake* des *Vampires* où elle doit jouer le rôle de Musidora. Tout au long du film, elle cherche en vain sa place dans l'équipe. Virée par le nouveau réalisateur, elle partira sans regret pour New York. Il y a le flux-Zoé (Nathalie Richard, très bien elle aussi), costumière électrique qui craque pour Maggie et l'emmène partout avec elle dans Paris. Il y a le flux-Vidal (Jean-Pierre Léaud, un peu trop Léaud justement), personnage autiste qui fonctionne en circuit fermé, cinéaste névrosé et violent qui fuira son échec on ne sait où. Le film ne raconte rien d'autre part que la tentative de faire se mêler, coïncider, ces personnages qui vivent selon des régimes si différents ; au fond, Assayas ne prend pas la peine de faire croire à un récit ni même de construire vraiment une histoire, il se contente de filmer des agitations variées, des intensités opposées, et qui se heurtent. Et parfois, cela produit des instants de grâce, surtout entre Zoé et Maggie dont la relation, l'amitié, le désir de l'une pour l'autre, illuminent le film.

Irma Vep, film sur un film sur un film, est aussi une réflexion discrète sur le cinéma. Discrète, parce qu'Assayas prend bien soin d'éviter le pensum théorique en recourant sans cesse à la satire. Ce n'est d'ailleurs pas lorsque celle-ci est la plus évidente (et la plus attendue) qu'elle est la plus réussie. La scène du journaliste débile (Antoine Basler) et fan de John Woo, qui reproche au cinéma français de trop s'occuper de son nombril est à la fois assez convenue et un peu bête. Il y a bien plus de cruauté dans le regard qu'Assayas jette sur la première assistante qui voudrait tout contrôler, n'y parvient pas, et invente pour se venger des histoires sordides. Et plus encore, dans le personnage de René Vidal, qui se prend visiblement pour un génie, tient un discours convenu sur la place de la caméra (pour chaque plan, il n'y a qu'une place et une seule où poser la caméra, blablabla) et dont le *remake* n'est qu'une inepte copie à l'identique du film de Feuillade. Personne donc n'est épargné, mais derrière cette causticité reste le goût de réfléchir. Plutôt qu'une réflexion spéculaire (type film dans le film) sur la représentation, le statut de la fiction, etc., la préoccupation d'Assayas est, disons, géologique. Les différentes évocations de films antérieurs sont toutes destinées à construire une généalogie du mouvement au cinéma, au bout de quoi viendrait s'inscrire *Irma Vep*. Mouvement funambulesque de Musidora dans son juste-au-corps noir, mouvement révolutionnaire à travers un extrait d'un film militant, et une référence ludique à Godard (*La Chinoise, où est la Chinoise ?*), mouvement chorégraphique des films de kung-fu, mouvement aussi que le cinéma d'avant-garde peut créer artificiellement en griffant la pellicule, ainsi que le fait Vidal qui ne voit pas d'autres moyens de sauver son travail. On a là comme un feuilleté de références, qui donne à lire une certaine idée du cinéma. « *Un palimpseste*, écrit Gérard Genette, *est, littéralement, un parchemin dont on a gratté la première inscription pour lui en substituer une autre, mais où cette opération n'a pas irrémédiablement effacé le texte primitif, en sorte qu'on peut y lire l'ancien sous le nouveau, comme par transparence.* » *Irma Vep* est un très bel art poétique en forme de palimpseste.

STÉPHANE BOUQUET
(*Cahiers du cinéma* n° 502, mai 1996)

Quelques vagues plus tard

*Table ronde avec Olivier Assayas, Claire Denis,
Cédric Kahn et Noémie Lvovsky
(extraits)*

Entre la tentation de la regarder s'éloigner et l'envie de s'en
rapprocher, des jeunes cinéastes parlent de la Nouvelle
vague… et de Maurice Pialat en souvenir-écran. Ni avec
toi, ni sans toi ou l'art de vivre sa vie cinématographique
avec et après la Nouvelle Vague.

Rupture et liberté.

*En tant que spectateur, à quel moment de votre vie la Nouvelle
Vague vous a-t-elle marqué, et de quelle façon ? Puis, au moment
de faire des films, avez-vous repensé à la Nouvelle Vague ?*

OLIVIER ASSAYAS : Nous n'avons pas vécu à l'époque de
la Nouvelle Vague ; c'est une différence avec les cinéastes
de la génération précédente. Nous n'avons donc pas connu
directement cette rupture. La Nouvelle Vague, je la perçois
surtout comme un élément de l'Histoire du cinéma. Je
l'ai découverte à la Cinémathèque ou à la télévision. Ensuite,
j'ai dû la reconstituer mentalement selon la théorie ou les

écrits. Il y a le muet, le cinéma classique hollywoodien, la Nouvelle Vague… Dans cet ensemble, la Nouvelle Vague est le moment de l'Histoire du cinéma qui me concerne le plus, comme je le dirais des impressionnistes dans la peinture.

CLAIRE DENIS : J'ai l'impression que la Nouvelle Vague est quelque chose de complètement subjectif. J'ai vu ce matin une lithographie avec cette légende : *C'était hier, et ça dure longtemps*. On peut le dire de la Nouvelle Vague. C'est le passé, mon propre passé – je suis plus vieille que toi. C'est ma mère qui, la première, m'en a parlé, après avoir vu *A bout de souffle*.

O. ASSAYAS : Si on parle d'Histoire du cinéma, je ne suis pas sûr qu'elle se termine après la Nouvelle Vague, même si je ne vois pas ce qui peut se situer après.

CÉDRIC KAHN : Je dirais qu'elle ne s'est pas arrêtée.

O. ASSAYAS : Oui, ce qui a été inventé par la Nouvelle Vague est encore pertinent.

C. DENIS : En ce qui me concerne, je ne voulais pas aller au cinéma comme on va à l'école, avec la perspective d'apprendre quelque chose. Cependant, même si on ne veut rien savoir, il est difficile de passer à côté de la Nouvelle Vague, comme du premier Bresson. Moi, c'était *Au hasard Balthazar*. Après, on fait sa propre cuisine, on reconstruit sa Nouvelle Vague. Peu importe de savoir si elle continue ou non. Par contre, il s'agit d'un cinéma qui a clairement indiqué deux camps : celui de la fiction et celui des personnages. A partir de la Nouvelle Vague, les personnages ne sont plus réduits au cours de la fiction, purs produits de la mécanisation du récit. Ils ont une existence indépendante, ils sont plus forts que la nécessité de fictionner. Cela existait déjà un peu avant. Dans *La Bête humaine*, les pulsions qui animent le personnage de Gabin sont plus fortes que le scénario. Les films que j'aime aujourd'hui sont ceux où les personnages ont cette opacité et cette capacité à dépasser le cadre de leur histoire.

O. ASSAYAS : De ce point de vue, la Nouvelle Vague est une rupture. Il n'y en a pas dix qui furent aussi énormes. Elle définit tout ce qui suit. Le fait que cette rupture ait existé, qu'elle soit reconnue comme telle, cela a créé la possibilité de faire du cinéma dans la liberté. Après, à chacun de se débrouiller comme il peut avec cette liberté. Cette idée a permis par ailleurs une relecture de tout ce qui a précédé dans le cinéma ; une lecture qui s'est faite entièrement selon cette rupture, et qui a donné à l'arrivée une transformation métaphysique de la nature du cinéma. Ce moment de rupture agit comme une sorte d'horizon indépassable, de ce que peut être, ou doit être, cette chose que l'on appelle cinéma.

NOÉMIE LVOVSKY : Pourquoi indépassable ?

O. ASSAYAS : Il n'y a plus le carcan du scénario, les règles du cinéma classique. L'invention, la création suivent d'autres voies. Je le ressens comme indépassable dans le sens où on ne peut pas faire mieux que d'être libre.

J'ai pourtant le sentiment que les cinéastes de la Nouvelle Vague – au moment où ils se sont séparés du groupe, au moment où ils ont senti qu'il fallait assumer seuls leurs libertés – se sont posé des problèmes de durée. Il leur faut continuer à être libre, ce qui n'est jamais acquis. Chacun a alors trouvé son propre système – le système Chabrol, le système Truffaut... Ils ont dû assumer une part du cinéma plus large que celle qu'ils avaient à incarner dans leurs propres films. C'est peut-être ça qui perpétue la Nouvelle Vague, alors qu'elle n'existe plus.

O. ASSAYAS : Il y a deux choses distinctes. Ou bien on parle de la Nouvelle Vague comme rupture, ou bien on parle de l'œuvre des individus. A chaque fois qu'il y a un groupe, il y a dissolution de ce groupe, puis itinéraire singulier de chacun des artistes, qui ne peuvent au fond avancer que dans la voie de la solitude.

Parler de rupture est trop rapide. Au contraire, les cinéastes de la Nouvelle Vague n'ont cessé de se trouver des pères. Pour nous et pour d'autres, il y a effectivement une rupture, mais pour eux, ils s'inscrivent dans des filiations, en revendiquant le fait qu'ils sont des héritiers, d'Ophuls, de Renoir, de Ray…

O. ASSAYAS : C'est une rupture qui implique une relecture du cinéma du passé, où l'on se rend compte que des artistes ont déjà fait du cinéma avec cette liberté, cette indépendance. A un moment donné, il fallait leur redonner leur juste place, à la lumière contemporaine. En ce sens, la Nouvelle Vague a été, un moment, historique. Depuis, dans le cinéma, j'ai l'impression que l'Histoire a moins eu lieu. […]

Pialat et la Nouvelle Vague.

C. KAHN : Ce sont les films de Pialat qui m'ont surtout impressionné. Je ne dois pas être le seul car il exerce une énorme influence sur tous les jeunes cinéastes… Il a toujours été très opposé à la Nouvelle Vague. Pourtant, on retrouve chez lui cette même liberté, cette idée du personnage dont parlait Claire… Pourquoi ne fait-il pas partie de la Nouvelle Vague, s'en est-il toujours senti exclu ?
N. LVOVSKY : Truffaut a produit *L'Enfance nue* !

Biographiquement, il n'en fait pas partie. Il a commencé après… Il s'est toujours pensé en marge du groupe Nouvelle Vague, sur le mode de l'aigreur et du ressentiment. Pendant longtemps, le faux cinéaste maudit, c'était Godard, tandis que le vrai ignoré, injustement oublié, c'était lui. Ce qui n'est plus le cas aujourd'hui.
C. KAHN : Pendant mon adolescence, voir *Loulou* et *A nos amours* a réellement été un choc.

Mais c'est en 1980/83 !

C. Kahn : C'est l'époque où j'avais quinze ans *(rires)*.

N. Lvovsky : J'ai une théorie *(rires)*. Les deux premiers auteurs que j'ai connus sont Truffaut et Pialat. Les films de Pialat me bouleversaient mais ne me faisaient pas aimer le cinéma. Alors que les films de Truffaut me le faisaient aimer : aimer la lumière qui s'éteint, voir les choses bouger sur un écran. Ceux de Pialat ne m'ont jamais fait aimer être assise dans une salle de cinéma… J'ai compris pourquoi, quand Arnaud Desplechin m'a dit que Pialat cherchait en fait à enlever l'auteur de ses films. De la même manière, il veut vider les acteurs de leur métier d'acteur et de leurs personnages, les scénarios de leur scénariste ; et au bout du compte, il veut vider les films de lui-même. Du coup, je n'ai jamais autant eu l'impression de voir du désespoir, de l'amour ou de la haine, comme en bloc. Comme s'il pouvait vraiment toucher les sentiments que l'on peut connaître dans la vie. Dans ses films, il ne reste que ça…

C. Kahn : L'instrument disparaît complètement et il atteint une plus grande liberté.

N. Lvovsky : Il y a une dizaine d'années, j'avais de grandes discussions sur la littérature avec Arnaud. Il préférait Stendhal à Flaubert. Pour moi, Flaubert, c'est plus beau, parce qu'il se vide, il se perd. Il s'approche de quelque chose d'indicible, de pur. Arnaud se moquait de moi, il me disait : *ah, la pureté de la littérature !* Peut-être que Pialat a quelque chose à voir avec cela…

Pialat a un fond naturaliste qu'effectivement, la Nouvelle Vague n'avait pas. Je parle de naturalisme en termes esthétiques, littéraires. Pialat « rase » le regard sur, et va chercher la nature même du geste humain. Tu ne trouves jamais ça chez Godard, où tout est formé, langagé.

C. Denis : J'aime beaucoup la théorie de Noémie, mais

je pense que cette volonté de se débarrasser de l'outil, de s'approcher de quelque chose en « rasant » l'auteur, le scénario..., c'est au fond une tentative de pacte à travers le film. Ce pacte n'apporte pas la jouissance d'une forme finie, mais reste dans l'essence même du cinéma. Le personnage n'est pas vidé mais est réinvesti. Si on oppose Stendhal à Flaubert, on dira pourtant que l'essence même du personnage est Madame Bovary. Cette théorie se retourne...

O. ASSAYAS : Je ne vous suis plus. D'abord, parce que je n'arrive pas, même mentalement, à opposer Flaubert à Stendhal. Je comprends ce que tu veux dire, mais ce sont pour moi deux œuvres immenses, qui ont compté de manière différente et complémentaire. De la même façon, je ne vois pas d'opposition profonde entre l'œuvre de Pialat et la Nouvelle Vague. Chez Godard, on retrouve cette même volonté d'aller au-delà du cinéma, de faire plus, mieux, que ce que le cinéma sait faire. On parle de Pialat, car à un moment donné, il a entrevu cette possibilité. Il est allé chercher cette vérité avec une puissance très impressionnante, qui lui a permis de repousser des frontières. Mais Godard passe son temps à se poser cette question : comment aller au-delà du cinéma ?

N. LVOVSKY : Godard veut aller plus loin, mais sans jamais connaître le dégoût du cinéma...

O. ASSAYAS : Il invente sa propre forme... J'ai une admiration absolue pour Pialat, dont le cinéma s'arrête là où on ne peut rien faire d'autre. Il y a une œuvre qui n'est pas le réel. Tu ne peux pas dire : Pialat, c'est le réel. C'est un immense artiste qui a compris des choses, que d'autres n'ont peut-être pas comprises...

N. LVOVSKY :... autant les films de Truffaut peuvent avoir une valeur d'usage, autant ceux de Pialat, je m'en défie comme élève. Je ne peux être que spectatrice, être

227

bouleversée. Je n'arrive pas à comparer ses films, ce sont des blocs... Je ne peux pas les étudier.

C. DENIS : Si, tu les as étudiés, parce que tu parles de notions comme *vider* ou *remplir*... Je reprends mon idée des deux camps, c'est-à-dire le personnage et la fiction. A partir de là, il y a ceux qui, avec le cinéma, essaient de remplir ou de vider. On peut retrouver les deux cas, comme chez Renoir. Je n'aime pas tous ses films mais il a réalisé des films de *vidage*, comme *La Bête humaine* ou *La Chienne*. Ces films-là, on ne sait pas les refaire. On est devant une expérience de vie, qui est au-delà de la technique de cinéma. Dans ces deux films de Renoir, j'ai vu quelque chose que j'ai vu dans les films de Pialat. La pulsion du suicide, du crime, de l'amour...

C. KAHN : Truffaut ne s'est jamais débarrassé de la fiction. J'ai finalement l'impression que les cinéastes à l'origine de la Nouvelle Vague ne sont pas vraiment en accord avec ce qui s'est dit pendant la Nouvelle Vague. L'écho est plus sensible dans le cinéma de Pialat que dans celui de Chabrol...

O. ASSAYAS : Mais on parle actuellement de la pratique du film. Je pense qu'il n'y a pas de contradiction entre ce qui s'est passé pendant la Nouvelle Vague et la manière dont Pialat fait son cinéma. On peut même penser que les grandes œuvres de la Nouvelle Vague ont été réalisées plus tard, par Pialat ou Eustache... D'une certaine manière, Pialat a envie d'être le seul cinéaste possible. Les gens de la Nouvelle Vague ont ouvert une voie, et des choses ont pu se faire. De toute façon, les cinéastes de la Nouvelle Vague n'ont rien en commun : on ne peut pas comparer Godard et Chabrol, Resnais et Rohmer. Soit on parle de la Nouvelle Vague en tant que nouvelle manière de pratiquer le cinéma, ouvrant la possibilité à des choses complètement contradictoires ou complémentaires. Soit on parle de la pratique du cinéma chez les gens issus de la Nouvelle Vague. Si ça devient un débat sur les individus, c'est différent.

C. KAHN : Quand on élargit le débat, on se rend peut-être compte que la Nouvelle Vague n'a pas été une date aussi importante. On fait des liens entre Renoir et Pialat : il y a des ponts au-dessus de la Nouvelle Vague.

N. LVOVSKY : Dans les films de la Nouvelle Vague, il y a quelque chose de ludique, pas dans les films de Pialat – ce qui n'est pas un défaut. Les films de la Nouvelle Vague que je connais me procurent une espèce de joie. Quand je vois *Conte d'automne* de Rohmer, j'apprends des petites choses, pour plus tard, dans ma vie. Quand je vois *Van Gogh*, le poids du film est énorme, existentiel, moins ludique.

Ce que tu dis est très juste, mais il y a quand même un fond de gravité dans la Nouvelle Vague.

C. DENIS : Boire un café avec quelqu'un dont on est tombé amoureux, c'est grave pour moi (*rires*). La rencontre entre cet homme et cette femme dans *Le Petit Soldat* exprime quelque chose de très fort sur l'époque où j'étais adolescente. Ce film atteint ces régions dont tu parles pour Pialat.

O. ASSAYAS : Noémie cite les derniers films de Rohmer qui sont pour moi des œuvres d'absolue plénitude, au même titre que *Van Gogh*. Cela ne s'exprime pas de la même manière, mais quelqu'un touche ici à ce qu'il a toujours recherché, avec une espèce de grandeur, de simplicité et d'évidence. Je partage beaucoup de choses avec toi sur Pialat. *Van Gogh* est un film extrêmement intimidant, dont on sort en se disant que l'on espérerait, une fois dans sa vie, arriver à faire quelque chose qui s'en approche. On se dit que le cinéma peut toucher à cela. Mais il est dans une simplicité et une clarté totales : il n'est pas dans les brumes métaphysiques, il est au contraire dans l'humain le plus simple, le plus partageable…

N. Lvovsky : Quand Van Gogh meurt… Il est dans le lit, couché en chien de fusil. Quel chemin pour faire mourir Dutronc en chien de fusil ! Ce n'est pas la même recherche que Rohmer.

O. Assayas : Mais je ne les compare pas

C. Denis : On ne peut pas comparer Péguy et Bernanos, ils ne vont pas sur les mêmes chemins. Péguy découvre la grâce au-dessus du champ de blé, même s'il y a eu la guerre de 14. En revanche, là où est allé Bernanos, que Pialat a rencontré avec *Sous le soleil de Satan*, on ne peut pas s'y rendre tous les jours…

Cédric, tu es celui des quatre qui semble avoir la relation la plus interrogative avec la Nouvelle Vague.

C. Denis *: Pourtant, son film* L'Ennui *en parle…*

Ne serait-ce que par rapport au Mépris, *à Moravia.*

C. Kahn : Les cinéastes qui m'intéressent le plus, sont les contemporains de la Nouvelle Vague : Rozier, Eustache, Pialat… J'aime bien certains films de Truffaut, de Rohmer, mais ils ne sont pas des modèles pour moi. On n'est pas obligé de leur dire (*rires*).

O. Assayas : Je ne crois pas qu'ils soient des modèles pour qui que ce soit…

C. Kahn : Si la Nouvelle Vague est importante pour le cinéma, on se rend compte qu'elle ne concerne que le cinéma. C'est sa limite. L'expérience de chacun au sein de la Nouvelle Vague a été plus forte qu'un mouvement collectif de départ. Car un cinéaste mène plus ou moins une expérience personnelle. Le mouvement collectif a donné quelque chose de fort, mais qui a atteint assez vite ses limites. Les films deviennent un peu plus que des films, uniquement en raison de ce parcours personnel. C'est étonnant à quel point l'opposition entre Pialat et la Nouvelle Vague crée ce débat-là.

N. Lvovsky : Dans les films de la Nouvelle Vague, il y a cette volonté de faire un film après l'autre, une idée de progrès. Un film de Pialat est comme le dernier. Le chemin se fait à l'intérieur d'un seul et même film ; d'un film à l'autre pour les cinéastes de la Nouvelle Vague. C'est en ce sens que leurs films ont une valeur d'usage.

Un jour, Godard a dit en substance : nous, on appartient au cinéma, mais pas Pialat. Ce qui est très injuste, mais pas complètement faux. Pialat s'est rattaché tardivement au cinéma, et il a fait des films de manière plus chaotique. Au total, cela fera une œuvre…
C. Kahn :… peut-être qu'il a plus touché à la quintessence du cinéma…

… on ne peut pas dire ça…
C. Kahn :… c'est une appréciation personnelle, mais pour moi, si…

… je ne crois pas. Si tu regardes une certaine période de l'œuvre de Chabrol, La Femme infidèle, Que la bête meure…, *ces films tiennent le coup en face de ceux de Pialat. Les cinéastes de la Nouvelle Vague avaient étudié le cinéma, ils savaient ce qu'était une carrière de cinéaste. Ils connaissaient mieux les règles de spectacle que Pialat, qui s'en est, a juste titre, toujours moqué. Ils voulaient durer. Quand Truffaut réalise* Les Quatre Cents Cents Coups, *il sait qu'il va faire autre chose juste après. Ils trouvent la matière, des sujets, de l'énergie pour continuer, alors que Pialat met tout dans un film… Du coup, il s'autodétruit dans le film et met dix ans pour se recharger.*
C. Denis : Ce qui me paraît important se situe dans le rapport des cinéastes de la Nouvelle Vague avec l'argent et la production. Je suis d'accord avec Noémie : pour Pialat, chacun de ses films peut être le dernier. Mais il n'a pas le

même rapport à l'argent. En revanche, la Nouvelle Vague a pensé à son économie. Truffaut a fondé les films du Carrosse, puis il est devenu producteur. Godard n'est pas devenu producteur mais il a sa maison de production ; surtout, il a capté le processus d'argent dans son cinéma. Par contre Chabrol a toujours eu le besoin d'être invité par un producteur. Pialat, lui, s'autodétruit également dans ses rapports avec la production. L'argent et le sexe sont des choses importantes pour définir la Nouvelle Vague… Quelqu'un comme Fassbinder s'est également constitué ainsi.

O. ASSAYAS : Notre discussion excède la question de la Nouvelle Vague. On parle depuis le début de démarches d'artistes différents. Il y a ceux qui choisissent l'œuvre, et d'autres l'objet. Proust met le monde dans une œuvre, il écrase le siècle, et rien ne tient le coup à côté… En même temps, on néglige d'autres œuvres extraordinaires… Je ne sais pas si Eustache est un aussi grand cinéaste que ceux de la Nouvelle Vague. Est-ce qu'ils ont réalisé un film aussi important que *La Maman et la Putain* ? Ce sont des questions que l'on peut se poser… Garrel est un artiste de la même essence que Pialat : il se brûle dans son cinéma, tout en construisant une œuvre dans une continuité, avec ses ruptures, son évolution. Je ne crois qu'à l'œuvre : chez un cinéaste, j'aime les films réussis et les films ratés. En réalité, j'aime les individus. J'ai une espèce de solidarité avec un auteur que j'aime ; des choses peuvent me toucher encore plus dans les films qu'il loupe.

Les gens de la Nouvelle Vague ont écrit ça dans les années 50 aux Cahiers.

O. ASSAYAS : Bien sûr. Aujourd'hui, la critique médiatique de cinéma ne s'intéresse qu'aux objets, elle est dans le guide du consommateur.

C. DENIS : En définitive, nous nous reconnaissons, Olivier

et moi, sur ce principe. C'est notre façon d'hériter de la Nouvelle Vague. Tout est à prendre, à apprendre, par exemple chez Nicholas Ray, y compris pour nos propres films. J'ai l'impression que l'on est tous issus des *Amants de la nuit*.

N. LVOVSKY : On a peut-être quelque chose d'autre en commun. On essaie de ne pas faire de films trop chers, pour pouvoir en faire un autre après. L'idée d'un progrès est possible, tout ne se joue pas sur un seul film.

La Nouvelle Vague a légué au cinéma français l'idée que tout le monde pouvait faire un film. Alors qu'elle n'avait pas l'intention de laisser passer ce message. Car, au fond, elle ne sait pas ce qu'il y aura après elle ; peut-être la télévision ou la communication ?

O. ASSAYAS : Il est intéressant de parler de l'héritage de la Nouvelle Vague. Même si rien n'est fini. Les cinéastes de la Nouvelle Vague sont vivants, mais on ne leur parle pas – eux non plus d'ailleurs. Sauf Rivette… La Nouvelle Vague arrive effectivement à la fin du cinéma, comme pour clore quelque chose. Quant à la génération qui suit la Nouvelle Vague, ce sont des cinéastes qui ont à peu près le même âge : Doillon, Téchiné, Jacquot, Akerman et Garrel. Ils ont commencé à faire des films, à la même époque, avec très peu d'échanges avec les cinéastes de la Nouvelle Vague, qui sont pourtant leurs aînés immédiats. J'ai l'impression que leur modèle commun serait plutôt Bergman. Surtout dans cette relation aux comédiens, assez différente de celle de la Nouvelle Vague. Ils ont reconstruit quelque chose dans le cinéma français, qui a énormément compté : un rapport renouvelé aux personnages, aux corps, une manière de regarder l'acteur comme objet privilégié du cinéma… Ils ont inventé un cinéma qui tourne beaucoup autour de ces questions, qui sont au centre chez Bergman, et parfois à la périphérie dans la Nouvelle Vague.

C. DENIS : On peut rajouter Duras, qui, elle, dialoguait avec tout le monde… Les cinéastes de la Nouvelle Vague ont pris en charge l'économie de leurs films, alors que les cinéastes du groupe que tu viens de citer étaient largués dans le désert. Ils ont dû réinventer leur économie, car ils n'avaient plus la possibilité de prendre en charge celle de leurs films.

O. ASSAYAS : De ce point de vue, leur seul modèle issu de la Nouvelle Vague est Rivette qui est déterminant pour toutes les générations des cinéastes français. […]

Paradoxalement, vous avez plus de facilités à discuter avec Tsai Ming-liang qu'avec Pialat, dont on a pas arrêté de parler, ou Godard, ou Rohmer. Il est plus facile de dialoguer avec ses contemporains horizontalement que verticalement. Pialat ne veut pas parler…

C. KAHN : Car ils n'ont pas envie de jouer le rôle de pères. C'est un rôle difficile, qui revient à les pousser vers la sortie. Ils ne veulent pas de ce rapport d'admiration. L'admiration construit un sarcophage. C'est morbide.

C. DENIS : On peut aller boire un café avec Rivette. On le trouve dans les salles de cinéma, ce n'est pas compliqué. Quand je lis l'interview de Godard dans *Les Inrockuptibles* de l'année dernière, je n'ai pas envie d'aller boire un café avec lui. J'aimerais bien pourtant. Ils ne veulent pas être pères, car ils ont encore envie de séduire les jeunes filles.

(*Propos recueillis par Charles Tesson et Serge Toubiana.*
n° hors série « Nouvelle vague,
une légende en question » 1998)

68/98, retours et détours

par Emmanuel Burdeau

Dans le cinéma français d'aujourd'hui, on peut parler du « retour du politique », mais aussi du « retour du psychanalytique ». Deux tendances opposées et qui, dans leur opposition, font face à la même question : comment mettre en mouvement un film, une fiction ? Et en particulier, comment produire ce type spécial de mouvement qui s'appelle la politique ? A la proposition d'un « cinéma du retour du politique », attendu et figé, se substitue une contre-proposition de cinéma, imprévisible dans ses effets, riche par ses traversées, celle du film de fous.

Retour du politique (1)

Mieux vaut d'abord ne pas se tromper de modèle. L'effet de mode, consolidé par un vieux réflexe anti-hollywoodien, conduit à vouloir ériger en référence du cinéma français le cinéma britannique. Armé du slogan « *Français, encore un effort si vous voulez être aussi réalistes et "sociaux" que les Anglais* », on croit pouvoir inciter nos cinéastes à s'inspirer des leçons de Mike Leigh, de Ken Loach, de *The Full Monty* et des autres. La référence est à portée de main mais c'est bien évidemment un leurre, l'incorporation de la figure populaire dans ce cinéma ne se faisant qu'au prix d'une théâtralisation excessive, donnant naissance à des films qui ne sont « sociaux » que par le petit spectacle social qu'ils orchestrent, spectacle qui consiste toujours plus ou moins à relever de quelques couleurs un peu fortes (celles du strip-tease par exemple), mais singulièrement vaines, la misère et la grisaille du prolétariat britannique. *The Full Monty* a besoin de postuler l'indécrottable laideur de ce prolétariat pour faire rire de ce que, contre toute attente, au bord de la complète nudité, il soit regardable, voire désirable. Mais à aucun moment il ne peut passer outre cette laideur qui est la condition de son gigantesque succès. Spectacle alors un peu obscène du prolétaire de cinéma devenu vendeur par la répulsion qu'il inspire *a priori*. Le cinéma français n'a rien à apprendre de ce cinéma-là pour qui le réalisme (politique ou non) est toujours affaire d'accumulation de signes (ou de points) : signes de laideur (physique et/ou morale, voir les grimaces des films de Mike Leigh), signes de pauvreté, signes de détresse…, et où le meilleur est celui qui en fait réserve du plus grand nombre possible. Mais puisque *le* ou *la* politique y fait retour, et davantage comme sujet ou argument que comme nouvelle façon de concevoir et de produire les films, notre cinéma a considérablement plus à tirer d'un cinéma dont la vertu politique est depuis longtemps avérée : le cinéma américain. Ce qui en fonde la puissance est son immense capacité à organiser la conjonction de régimes de fiction aux exigences différentes. Il peut donc être politique en son centre même et pour ainsi dire naturellement puisqu'il inscrit la politique à l'intérieur d'un trajet et comme composante essentielle de l'action. En France, politique et fiction n'ont pas l'habitude de faire bon ménage

236

(que l'on songe aux fictions de gauche de sinistre mémoire), et il faut toujours réinventer les conditions à l'intérieur desquelles la politique va pouvoir cohabiter avec le système de cinéma (identifiable par le type de fiction qui y est pratiqué) qui la convoque. Dans le cinéma américain, le problème ne se pose quasiment pas : tout film est indissolublement historique, policier, amoureux *et* politique. Ainsi, dans *Titanic*, grande fiction historique et « petite » fiction amoureuse marchent main dans la main, s'animent l'une l'autre et produisent par leur excitation mutuelle le mouvement même du film. Idéalement, un scénario américain fait exister différents niveaux dans un rapport de parfaite simultanéité et non de verticalité, et vaut en même temps et de la même façon pour moi, mon couple, ma famille, ma ville, ma patrie, la planète et l'histoire de l'humanité. Ce qui voudrait être une insulte – « grosse machine américaine » – est probablement l'expression la plus juste pour caractériser le fascinant résultat né de cet enchevêtrement et de cette excitation réciproque de forces apparemment contradictoires. Alors que le cinéma français est dans une phase où il cherche à produire un cinéma narratif-politique, ce sont donc des questions américaines qu'il convient de lui adresser : si la politique n'est jamais seule, avec quelle fiction peut-elle ou doit-elle faire équipe ? Autrement dit : quand elle fait retour dans le cinéma, qu'est-ce qui la met en mouvement, et au contraire qu'est-ce qui l'empêche ? Ou encore : par où entre-t-elle ? – par où sort-elle ?

Dernier plan du film de Laetitia Masson, *En avoir (ou pas)* : Sandrine Kiberlain s'en va, tenant par la main son fiancé, elle se retourne, nous jette un regard en signe d'adieu, et c'est la fin. Au début, elle travaillait à la chaîne dans une usine du Nord de la France, mais c'était au début et entre-temps a eu lieu le film, qui l'a conduit des rivages pollués du politique à ceux, mieux fréquentés, de la fiction romanesque. Tout comme Marius et Jeannette, qui vivent à Marseille en 1997, mais qui, dès l'instant où ils se mettent à s'aimer, revivent l'éternel scénario de la faille enfouie au plus profond. Ici comme là, il n'y a de fiction digne de ce nom que dans l'arrachement violent à la situation politique, dans la négation de l'ici-et-maintenant selon une opération qui relève de la stricte métamorphose, non du rite initiatique. Mais pour la politique, peut-être vaut-il mieux encore être exclue qu'avalée vivante par le cinéma. Sorti il y a trois ans, *La Haine* a été l'occasion ici-même de forger l'expression de « banlieue-film », par quoi était indiqué que se constituait un genre nouveau du cinéma. *La Haine* effectivement ne dit rien de décisif ou d'intéressant sur la banlieue (se gardant par exemple de nous renseigner sur ce qui s'y passe), puisqu'il en transfère soigneusement toutes les questions de la sphère politique vers celle du langage cinématographique, établissant pour les films à venir une gamme de standards, de figures et de situations-type (comme la visite à la grande ville), aux contours assez précis pour être aisément reproductibles. Intronisée par Kassovitz dans le grand corps du cinéma, inscrite au registre prestigieux de ses genres, la banlieue devenait enfin regardable, mais elle cessait par la même occasion de nous adresser des questions d'ordre politique. C'est le très vieux problème des films de genre : ils ne font signe vers rien, si ce n'est vers d'autres films du même genre.

Par genre (considéré ici uniquement dans son acception négative) on entend la neutralisation par le code que le cinéma fait subir à une réalité dont il n'a pas *a priori* le monopole. Neutralisation qui est à l'œuvre dans un film comme *Grève party* (Fabien Onteniente), précurseur d'un genre en devenir, auquel manque encore un nom bien arrêté, mais qui pourrait bien être le « grève-film ». Une journée de

« mouvements sociaux » sert de point de départ à la peinture d'une petite communauté organisée autour d'un ancien gréviste pur et dur, qui fut de toutes les luttes sans rien perdre de sa foi en l'engagement. Mais, surprise et horreur, ce gauchiste, figure somme toute assez rare au cinéma, est un pur être de parole, et la grève n'engendre plus que du pittoresque langagier digne des films dialogués par Audiard, où le militant reconverti en libraire s'autocite aussi complaisamment qu'il fait référence aux grands auteurs, ponctuant ses phrases d'un mot de Hugo ou de Proust, ou d'un « *nous le petit peuple* ». Ce à quoi on assiste là n'est pas l'exacte reproduction de la représentation du peuple en vigueur dans le cinéma des années 30. C'est, par-dessus 68, par-dessus la nouveauté que Mai avait imposée, la constitution d'une figure composite, bricolée avec les restes de ce cinéma-là, quelques traits d'esprit hérités d'Audiard, quelques poses typiquement « françaises », le souvenir du café-théâtre, la laideur télévisuelle… Le cinéma, nul ne l'ignore, est volontiers paresseux, et s'alimente fréquemment aux mythologies déjà établies et dont l'efficacité est certaine. A la limite, il lui est indifférent de savoir où il va puiser ses modèles, pour autant qu'il puisse les faire s'équivaloir et préparer (et déjà célébrer) la grande réconciliation où révolutionnaire et gouailleur de droite, cinéma militant et cinéma de papa se mélangent et finissent par ne rien signifier d'autre que l'égalisation à zéro de tout et de tout le monde, et la vanité de ceux qui persistent à croire au partage des choses. 68 (et par extension la politique en général), qui n'était venu que dans l'abandon des référents, devient Grand Référent à son tour, réduit à ses éléments de folklore. Et l'on sait combien le folklore paie, qu'il y a à présent en France d'authentiques succès de folklore (*La Vérité si je mens !*).

68 est devenu filmable, cela s'est vu à travers *Le Péril jeune* (Cédric Klapisch) et quelques films de la série d'Arte *Tous*

les garçons et les filles de leur âge. Trente ans ont passé – un peu plus d'une génération –, c'est assez pour qu'ait lieu son rapatriement de l'histoire de tout le monde au roman d'apprentissage de chacun. Au terme de ce transfert d'une fiction à une autre (mais il faut prendre garde de ce que toutes les fictions ne se valent pas), 68 est devenu, maintenant et pour l'éternité, le fétiche de la Jeunesse. Je, tu, il, elle a eu, a ou aura sa phase 68 ; et le soixante-huitard assagi, dont on a dit tant de mal, est l'autre nom de l'âge adulte. Une fois de plus, la politique est vaincue, réduite à rien par une autre fiction dévorante, la biographie. Jadis cependant la politique l'interrompait, et ce jusqu'à la rendre haïssable, elle poussait le *je* à faire silence quand s'imposait la sévère discipline du *nous*. A présent c'est différent, on se souvient de 68 comme de son premier baiser, et si possible on prend soin, dans le petit récit que l'on se fabrique pour soi et pour les autres, qu'ils coïncident rétroactivement. Mensonge pour mensonge, il faudrait bien évidemment opter pour la proposition inverse : 68, c'est l'irracontable, l'incommémorable, l'indigérable par excellence.

Elevées dans le refus légitime des années 80, dans l'évocation légèrement béate de la fin des années 60 et du début des années 70, nos années 90 se réchauffent mollement au doux contact du souvenir, réel ou fantasmé. Elles croient à 68 comme à une légende des temps passés. En cela, elles sont parfaitement en phase avec *Marius et Jeannette*, dont les espoirs brechtiens des premières minutes – scènes de conflits et de travail, découpage en moments autonomes, attribution d'une couleur par personnage, utilisation de la musique comme commentaire et *jingle*, outrance du jeu… – ne durent pas, puisqu'il s'agit en fait de faire le compte des survivants de la défunte guerre sociale : ex-communiste, ex-gréviste, ex-électeur du FN… Soudée, la communauté de l'Estaque l'est à la hauteur du précieux trésor dont elle a la garde, ce trésor chéri par ceux qui portent la mémoire de ce qu'un jour on nomma la politique. Des enfants, Marius, Jeannette et leurs amis n'attendent ni l'espoir ni la relève, tout juste un peu d'écoute, assez pour qu'à leur tour, devenus grands, ils se fassent les passeurs de la légende, et que lorsque leurs enfants demanderont : « *qu'est-ce que la politique ?* », ils soient en mesure de répondre : « *la politique, c'est ce qui a eu lieu avant nous.* » Ce qui a eu lieu avant nous et désormais *se* parle (jargon affûté du militant professionnel dans *Grève party*, langue fleurie de la remémoration dans *Marius et Jeannette*).

Dans les films du retour (1) – ceux dont on vient de parler, auxquels il faudrait joindre, avec quelques nuances, ceux de Pierre Jolivet, Eric Rochant, Manuel Poirier ou Judith Cahen –, rien n'est à sa place en somme. Soit la politique est recrachée aussitôt qu'ingérée dans le film, soit l'un et l'autre s'amalgament, et fixent leur alliance en genre : fiction de gauche il n'y a pas si longtemps, banlieue-film tout récemment, cinéma social aujourd'hui, et demain pourquoi pas grève-film, chômage-film ou même FN-film. Derrière nous (que la fiction vienne et nous délivre de la politique), sous nous (la politique comme toile de fond) ou avant nous (la politique comme légende ou conte morts), la politique n'est jamais que le fonds d'évidence et d'impensé sur lequel s'enlèvent les films. Ce cinéma-là est très exactement imperméable aux enseignements du cinéma américain qui, grâce à l'union *en action* de la fiction et de la politique qui s'y réalise, déclare que celle-ci est au contraire ce qui surgit du fond et troue la toile – la mobilité même. Les cinéastes français savent peut-être ce qu'est une figure populaire, mais ils sont rares, très rares, à avoir une idée précise de ce qu'ils pourraient bien en faire. On pourrait objecter qu'on n'en est pas encore là, et qu'il s'agit pour commencer de faire revenir ces figures avant de se soucier de les inscrire dans une trajectoire. Or justement non : Chabrol avec *La Cérémonie*, Poirier avec *Marion* (à tous égards infiniment supérieur à *Western*) ont montré que le rapport de classes peut constituer la matière même de la fiction pour autant qu'il est relancé et non paralysé par le recours à un imaginaire qui lui est extérieur (jouissance du jeu de massacre et exécution venue en droite ligne du moyen-âge pour le premier, ainsi que l'indique son titre ; vol d'enfant, vampirisme ou encore fascination sexuelle pour le second). Les films sont alors emmenés par la stimulation réciproque de leur sujet politique et de la fiction qui l'accueille. Non plus retour *du politique* donc, tel que l'entend Badiou : retour du lien, du rapport, de l'illusion du « faire un » (toutes choses que résume assez bien l'expression « le social »), mais, nuance de taille, retour de *la politique*, laquelle est forcément mouvement, déchirement et déplacement des liens.

Retour du psychanalytique (2)

Les films du retour (1) se peignent avec les tons neutres et pâles des tautologies : un prolétaire est un prolétaire, un personnage de fiction est un personnage de fiction – un point c'est tout. Cinématographiquement, le résultat est quasiment nul. « Retour du psychanalytique » désigne au contraire tous les films où, au ciment sec et lourd de l'identité se substituent les sables mouvants de ceux et celles que l'on peut dire fous ou déments parce qu'ils ou elles se livrent en capture à l'irrationnel du langage et du désir. Et de fait, des psychanalystes et des gentils fous, il y en a pas mal dans le cinéma français récent, chez Benoît Jacquot, chez Laurence Ferreira-Barbosa, chez Pascal Bonitzer, chez Arnaud Desplechin, mais encore chez Michel Piccoli, Mathieu Amalric, Pierre Salvadori, Danièle Dubroux (celle de *Border Line* plus que du *Journal du séducteur*). La vertu majeure de la folie douce, par opposition au statisme du cinéma social, est d'engager le film et le personnage sur une ligne qui, sans nier la socialité, y fait trouée, la traversant de courants inédits – courants alternatifs de démence contre courant continu et filet d'eau tiède du social.

Logiquement, ces films-là sont aussi obsédés par la question de la place que ceux du retour (1), mais d'une manière diamétralement opposée. Importe moins pour eux la place que l'on occupe (dans la société, dans la fiction – mais c'est au vrai une seule et même chose) et à laquelle on se cramponne parce que sans elle on n'est plus rien, que celle que l'on pourrait (ne pas) occuper. Importe moins la place que le changement de place. D'où que Bonitzer, Jacquot et les autres bâtissent nombre de leurs scènes sur le modèle du jeu, car c'est là que se dit le plus explicitement l'*arbitraire* des places (et des liens), qui ne sont bonnes qu'à être continûment redistribuées. Le *faisons comme si* ou le *je serais* remplacé le *je suis*, et le film nous fait passer et repasser de malade à patient, de désirant à désiré, de jouer à joué, de parleur à parlé, de manipulateur à manipulé… Si tout tourne et s'échange c'est que l'essentiel est ce qui (se) passe *entre*, et qui n'est pas le lien mais son hypothèse, son incertitude productive. Refus de la place fixe où se lit une contre-proposition aux films du retour (1).

Il ne s'agit pas en effet d'être là où l'on est, mais de ne pas y être ; pas d'inventer les figures, mais de les désinventer. Un doit se diviser en deux – sinon plus. Claire Simon, lorsqu'elle tourne *Coûte que coûte* (qui n'entre pas dans la catégorie « retour du psychanalytique » mais montre bien ce que défaire les figures veut dire), filme la situation (les derniers jours d'une petite entreprise) et ses acteurs tels que cette situation les fait (des travailleurs à quelques jours du chômage), en même temps qu'elle leur permet de *se faire autres* et par là de ne plus être uniquement commensurables

243

à la situation. Les trois cuisiniers sont les premiers et les meilleurs à s'engouffrer dans l'espace des possibles ouvert par la présence de la caméra, ils en profitent pour apparaître en séducteurs, bonimenteurs ou trio comique. De semblable façon, la fiction de *J'ai horreur de l'amour* s'articule autour de figures instituées en haine de ce qui existe simplement par la place qu'il occupe : un médecin qui n'a de médecin que le cabinet et le titre ; un malade du sida qui rechigne à accepter les soins et dont le credo tient en ces quelques mots : « *être malade du sida, c'est bien la dernière chose qui ferait mon identité* » ; un hypocondre délirant, donc quelqu'un qui fait profession de s'attribuer les identités qu'il souhaite. Significativement, l'unique scène de groupe est une scène de danse où la réunion s'accomplit dans l'hétérogénéité désarticulée des manières de danser, chacun n'écoutant que la mélodie de sa propre musique dissonante. La synthèse en un mot, est obligatoirement disjonctive. Car on n'existe vraiment qu'à être déplacé, aussi bien à l'intérieur de soi-même que par rapport aux autres. Contre le vrai à quoi aspirent opiniâtrement les films de retour (1) s'affirme le faux dans toutes ses acceptions : faux rythme, jouer faux et faux raccords (tremblements conjoints de la voix et du cadre) ; un film entièrement « à faux » en définitive, où le faux est l'opérateur d'un nombre infini de pas de côté et de mini délocalisations.

On remarquera de quelle mobilité fictionnelle et sociale (fictionnelle-sociale, le tiret étant en fin de mise) jouissent les fous, chez Ferreira-Barbosa (*J'ai horreur de l'amour*) comme dans le récent film de Salvadori (...*Comme elle respire*), mobilité à la faveur de laquelle un SDF peut devenir secrétaire médical et une mythomane occuper successivement les fonctions d'infirmières, de livreuse de pizzas, de serveuse, de gosse de riches... Et qui est à cent lieues de la métamorphose de Sandrine Kiberlain dans *En avoir (ou pas)*, dont le mouvement la retire de la société pour la porter au ciel de l'amour et du romanesque. Là, ce n'est pas que l'on passe d'un registre de fiction à un autre, au simple prétexte que le film en a décidé ainsi, mais que s'exécute une traversée de la socialité qui est une exaltation, des possibles et au fil de laquelle se dit, en passant, beaucoup plus de choses sur aujourd'hui que dans tous les films du retour (1) réunis. Etre toujours déjà à côté a-t-on dit : de sa supposée fonction, de son désir et du désir de l'autre (Jacquot), de sa parole (Desplechin, Bonitzer). La psychanalyse, ou plutôt le petit savoir (non-savoir) commun psychanalytique – mots de passe, phrases-clés, petites leçons – fait massivement retour, non comme système d'élucidation du film, venant *in fine* en ouvrir toutes les portes : comme moteur du récit. Pour user d'une distinction fameuse, la psychanalyse s'est déplacée du domaine de l'interprétation, où elle faisait peur et avait fini par lasser, vers celui de l'expérimentation. Elle était blocage, elle est devenue déblocage. En sorte qu'à propos du *Septième ciel* ou d'*Encore*, c'est de fictions-analyses qu'il faudrait parler, faisant progresser les films au rythme désynchronisé des changements de place et des matérialisations successives du désir. Et si les mots font office de lien, c'est pour en démontrer l'inconsistance, car un mot n'appartient à personne en propre (ni à un individu, ni à un groupe), ne signifie jamais plus que ce que l'on y met et menace toujours de revenir, qui plus est sous une forme inattendue, voire dangereuse.

Au lieu du lien, la *dé-liaison* (j'emprunte ce mot à Alain Badiou, qui le tient lui-même de Lacan). Même *Comment je me suis disputé* fonctionne ainsi. La voix-*off*, loin de dicter sa loi à ce que l'on voit, entre avec lui dans une relation problématique de critique et de mise en doute, de la même façon que se contredisent les différentes lectures auxquelles le film invite. Desplechin et Paul demandent, semble-t-il, des preuves de l'existence de l'autre, mais ils savent bien que toute preuve sera immédiatement défaillante, et *Comment je me suis disputé* a beau se clore sur l'idée que Paul ayant été changé l'altérité est attestée, ce n'est qu'artifice de fin de film. Dès demain, tout le travail sera à commencer. Ici et chez les précédents (Jacquot, Bonitzer, Ferreira-Barbosa) se démontre ce que l'on savait peut-être mais qui s'oublie si facilement : ce sont les ratés qui font les bons films, c'est dans les trous qu'il se passe le plus de choses, au cinéma comme partout.

En ces temps où triomphe ce que d'aucuns nomment le marxisme vulgaire, la conviction universellement partagée et bêtement rationnelle que l'économie a raison de nous, qu'il y a et qu'il y aura toujours des propriétaires et des exploités, des grands qui profitent et des petits qui peinent, il y a tout à espérer de la folie, même douce, qui rompt les vieux liens et destitue les vieux mythes du social, et les remplace par d'autres, notamment ceux, jamais très sûrs, du langage. Par une paradoxale inversion de l'ancienne polarité, il y a aussi tout à espérer de la psychanalyse, puisque la dictature du sens figé et du déterminisme lourd ne s'exerce plus de son côté mais de celui d'une certaine orthodoxie politique condamnée aux « c'est comme ça ». Des années post-68 à nos années 90, le *come-back* à saluer, ce n'est pas celui du politique, moins réactivation d'une forme supposément périmée de cinéma (ledit cinéma politique) que *flash-back*, pèlerinage en pensée aux anciennes scènes où se jouait la politique, ou même que *retour du même* (le « faire un » du social ou le fonctionnement en vase clos et en auto-référence du genre). Le vrai retour, inattendu, imprévisible dans ses effets, c'est celui de la psychanalyse (entendue dans son acception la plus large) : comme ce qui remet en circulation, en les faisant vaciller, la langue, les sens, les affects et les gens. Badiou y a suffisamment insisté dans l'entretien de ce numéro pour que l'on comprenne que, par les déplacements qu'elle rend possibles, la psychanalyse revient précisément comme condition de la politique, et que les films les plus politiques ne sont pas ceux qui s'auto-proclament comme tels. Dans la cohésion molle et sans avenir du groupe, dans le tissu étouffant du folklore, dans le plaisir trop plein et content de lui du souvenir, comme d'ailleurs dans l'obsession presque morbide de l'ancrage vrai (la Bretagne de *Western* ou la province belfortaise de *Nettoyage à sec*, le film d'Anne Fontaine), plus rien ne se dit, plus rien ne se produit qui puisse nous concerner. En politique comme en cinéma, en politique en même temps qu'en cinéma, la chance est ailleurs, et c'est vers ces endroits incertains, plus *passages* que lieux, hantés plus qu'habités, secoués par les étranges jeux du langage et du désir et où tout promet de défaillir, que doit maintenant se transporter le cinéma français.

EMMANUEL BURDEAU
(*Cahiers du cinéma* n° hors-série « Cinéma 38 » 1998.

Table des matières

Vive le cinéma français !

50 ans de cinéma français dans les Cahiers
du cinéma

Composé par Infoprint/Editec

Achevé d'imprimer en avril 2001
Imprimerie Darantiere à Quetigny
Dépôt légal : avril 2001
N° d'impression : 21-0420